苏格兰分离公投的合法性问题研究

贺亚宜 著

中山大學出版社
SUN YAT-SEN UNIVERSITY PRESS

·广州·

图书在版编目（CIP）数据

苏格兰分离公投的合法性问题研究/贺亚宜著. —广州：中山大学出版社，2023.12

ISBN 978 - 7 - 306 - 07993 - 0

Ⅰ. ①苏…　Ⅱ. ①贺…　Ⅲ. ①公法—法制史—研究—苏格兰　Ⅳ. ①D956.19

中国国家版本馆 CIP 数据核字（2023）第 245832 号

出 版 人：王天琪
策划编辑：王旭红
责任编辑：王旭红
封面设计：曾　婷
责任校对：舒　思
责任技编：靳晓虹
出版发行：中山大学出版社
电　　话：编辑部 020 - 84110283，84113349，84111997，84110779，84110776
　　　　　发行部 020 - 84111998，84111981，84111160
地　　址：广州市新港西路 135 号
邮　　编：510275　　　　传　真：020 - 84036565
网　　址：http://www.zsup.com.cn　　E-mail：zdcbs@mail.sysu.edu.cn
印 刷 者：佛山市浩文彩色印刷有限公司
规　　格：787mm×1092mm　　1/16　　11.75 印张　　205 千字
版次印次：2023 年 12 月第 1 版　　2023 年 12 月第 1 次印刷
定　　价：52.00 元

序　言

分离主义是当今许多主权国家面临的难题。地方脱离意味着母国的解体以及分离势力所控制的地方走向独立或者与他国组建成新的国家。因而，对母国而言，脱离行为具有毁灭性；对分离势力而言，脱离行为具有建构性。地方分离行为与民族自决行为在表面上有一定的相似性，但在法律性质上完全不同。国际法承认民族自决权，但是既不承认地方分离权，也不承认分离是单方面就可以完成的。国家主权一般是由国家的中央政府来代表。国际法认为，地方分离事务完全属于国家内政问题，代表着国家主权的中央政府对该国内的地方分离要求拥有完全的处置权。迄今为止，国际社会只接纳经母国中央政府首肯的地方脱离，不接纳母国中央政府反对的地方脱离。

维护国家统一是各国宪法的主要宗旨之一，世界上几乎所有国家的宪法都直接或间接地禁止地方分离。无怪乎全球的分离势力为达成目的，都与其母国的中央政府有过不断的或武力或和平的斗争。在民主观念已经深入人心的今天，最有利于分离势力的和平斗争方式是在分离势力所在地举行母国政府首肯的以分离为议题的公民投票（以下简称"公投"）。分离公投固然不等同于分离结果，但它是通往母国解体、地方分离的途径之一。以捍卫国家主权和领土完整为应有职责的母国政府当然不会轻易同意前述公投。可是，母国政府在无计可施时也就不得不同意了。

母国政府一般以法律（包括宪法渊源）形式表达对举行地方分离公投的同意。获得母国政府首肯的地方分离公投又叫有明确法律依据的地方分离公投。然而，宪法学问题来了："公投有明确法律依据"是"公投具有合法性"的同义表述。合法性是指合乎以宪法为最高法和根本法建立起来的法律规范体系。拥有合法性的行为必然拥有对人效力、对事效力、时间效力和空间效力等法律效力。当一国的宪法禁止地方分离，该国的中央政府批准举行地方分离公投的行为岂不是违宪？如果这样的批准行为违宪，那么这样的地方分离公投岂不是不具有合法性？如果不具有合法性，这样的地方分离公投的任何结果不也就不具有任何法律效力了吗？这些问题促使我们进一步思考：公投是一种什么性质的活动？它需要接受以宪法为最高法和根本法建立起来的法律规范体系的评价吗？公投结果在何种情况下可凌驾于最高国家权力机关的意志之上？当一国的宪法不允许地方脱离且该国宪法没有规定由哪个机关来行使对地方分离公投的批准权时，有权批准地方脱离公投的权力机关应该如何确定？地方脱离公投的结果的法律拘束力应该如何确定？

本书将这些零散的问题凝练为地方分离公投的合法性问题，并以苏格兰分离公投的合法性问题为研究个案。具体到苏格兰个案时，要处理的宪法学问题还包括：苏格兰分离公投是否具有实体合法性以及程序合法性？如果有，在英国议会、英国女王、英国内阁、英国首相、苏格兰议会、苏格兰政府等权力机关中，使苏格兰分离公投具有合法性的实体到底是哪一个或哪几个？苏格兰分离公投的结果对英国议会有无法律拘束力？

为解决这些相互关联的问题，本书做了如下安排：第一章介绍苏格兰分离主义的发展历程，以便读者对苏格兰分离主义的历史有一个基本了解。第二章从时间和空间两个维度梳理公投的内涵、历史源流和全球实践，以及英国的公投实践。同时，这一章明确指出了两点：第一，是否建立公投制度以及是否允许用公投方式处理分离诉求，皆属各国内政问题，不容他国干涉和指责；第二，《中华人民共和国宪法》不仅禁止地方分离，也无公投制度。第三章借助德国宪法学家卡尔·施米特（Carl Schmitt）的宪法学说构建了一套分离公投合法性问题的分析框架。该分析框架认为，在代表制国家，公投是制约代表制政府的工具。此外，国家结构形式的差异影响着地方分离公投的拘束力。在单一制国家，地方性分离公投的结果对最高国家权力机关没有任何法律拘束力。在联邦制国家，成员州拥有固有权力，即使如此，联邦制国家的宪法对成员州是否拥有脱离权，也各不相同。美国宪法对成员州是否有脱离权这一问题没有明确表述，但是美国联邦最高法院曾在判决中表示，美国宪法不承认成员州的脱离权。加拿大宪法对成员州是否拥有脱离权没有明确表述，但是加拿大联邦最高法院认为加拿大宪法禁止成员州单方面脱离，但是允许成员州在与全联邦各州达成协议的前提下脱离。单一制和联邦制在地方是否拥有脱离权，以及地方在何等情况下拥有脱离权这两个问题上的巨大差异，使得分离势力无不积极努力地主张分离势力所在地与母国的宪法关系是成员州与联邦的关系。苏格兰分离主义者深谙此道，故在其分离活动中持续宣传英国与苏格兰的宪法关系不是单一制下的中央与地方的关系，而是联邦制下的联邦与成员州的关系。有些苏格兰分离主义者在"英国与苏格兰的宪法关系"上走得更远，他们干脆主张英国与苏格兰的关系是邦联与邦联成员的关系。"英国和苏格兰的宪法关系"是苏格兰分离公投的合法性问题中的核心问题之一。为此，本书第四章专门分析英国与苏格兰的宪法关系。经论证，本书认为英国就是英国政府所坚称的单一制，英国与苏格兰的宪法关系就是单一制下的中央与地方的关系。第五章着重分析苏格兰分离公投的合法性问题。本书认为，是否在苏格兰地区举行分离公投的决定权在英国议会，而不在苏格兰议会。

对"地方分离公投是否具有合法性"这个具有一定普遍性的问题，本书得出如下结论。

根据施米特的专著《宪法学说》，立宪民主制意味着受规范制约的权限取代了直接的、绝对的人民意志。即使立宪民主国家的法律规定了可以依据人民立法程序立法，依据立宪民主制的法律所规定的人民立法程序制定出来的法律，依然只是行使宪制下立法权的结果，而不是人民制宪权的结果。但是人民具有突破法治国规范框架的政治力量，只要人民直接出场，日常政治就告中止，宪法就被悬置，国家就进入非常政治状态。一切国家机关（包括人民代议机关）都不是真正的人民立法程序的主体，而只是作为辅助机关参与人民立法程序中。政治实践中，判断人民是否直接出场，就看程序中是否出现人民的喝彩。

据此，公投是一套宪制工具，是宪制内立法程序中的一环。当公投中出现人民喝彩的时候，公投这种宪制内的立法程序就瞬间转化为人民立法程序。具体而言，立宪民主制国家的公投可以根据举行公投区域的行政级别分为国家性公投和地方性公投。国家性公投是指在全国区域内举行的公投，不在全国而只在一国之内的某个地方举行的公投叫地方性公投。国家性公投中是否出现人民喝彩的判断标准，是较大多数或压倒性多数的国民对公投问题是否持赞同意见。如果是，此国家性公投中就出现了人民的喝彩，人民透过此国家性公投提出按照赞成意见对国家现状进行改变的要求；如果否，此国家性公投中就没有出现人民的喝彩，这表示人民没有提出改变现状的要求。在地方性公投中，判断人民的意志是否显现，要看对公投问题持赞成意见的选民的数量是否占全体国民的较大多数或压倒性多数。如果是，此地方性公投中就出现了人民的喝彩；如果否，此地方性公投中就没有出现人民的喝彩。

公投中一旦出现了人民的喝彩，这种公投就不需要接受宪制的制约，因为在这种公投中人民直接出场了。如果一个国家有主权性立法机关，那么出现了人民喝彩的公投结果对主权性立法机关有政治约束力，而主权性立法机关又对该国国家机关有至高立法权；如果一个国家没有主权性立法机关，那么出现了人民喝彩的公投结果对该国的最高国家权力机关有政治约束力。

如果公投中没有出现人民的喝彩，那么这种公投就必须具有实体合法性和程序合法性。如果一个国家有主权性立法机关，那么没有出现人民喝彩的公投的赞成票即使达到了法定多数，这种公投对主权性立法机关也没有政治约束力。如果一个国家没有主权性立法机关，而没有出现人民喝彩的公投的赞成票达到了法定多数的话，那么这种公投对该国的最高国家权力机关的法律拘束力须依该国的法律。

目　录

导　论

一、基础概念界定

（一）英国

从欧亚大陆西部的终端，跨过一道海峡，有两座岛屿——大不列颠岛和爱尔兰岛。在 1707 年 5 月 1 日之前，大不列颠岛和爱尔兰岛上有四个彼此独立的国家，分别为英格兰王国、苏格兰王国、威尔士王国和爱尔兰王国。1707 年 5 月 1 日起，英格兰王国和苏格兰王国统合为"大不列颠联合王国"。1801 年 1 月 1 日起，大不列颠联合王国与爱尔兰王国统合为"大不列颠与爱尔兰联合王国"。为简便起见，人们经常将 1707 年 5 月 1 日英格兰王国和苏格兰王国的统合称为"1707 年联合"，将 1801 年大不列颠联合王国与爱尔兰王国的统合称为"1801 年联合"。1921 年，爱尔兰南部 26 个郡（以下简称"南爱尔兰"）从其所属的大不列颠与爱尔兰联合王国分离出去并成了能以独立成员的身份参加国际联盟的自治领①，大不列颠与爱尔兰联合王国遂更名为"大不列颠与北爱尔兰联合王国"。

本书研究的英国特指 1707 年联合以来的以伦敦为首都的主权国家，即指 1707 年联合而成的大不列颠联合王国、1801 年联合而成的大不列颠

---

① 19 世纪，英国在南爱尔兰的部分殖民地已先后取得自治权，英国只保留外交、军事、帝国等少数权力，殖民地的内部事务完全由自治政府处理。这种统治制度不但避免了殖民地与母国之间的冲突，而且培育了殖民地在自治框架内的认同感，从而导致新民族的产生。1907 年，英国殖民地会议改名为英国帝国会议。第一次世界大战中，英国各自治领都派军队参军，为战争胜利做出了贡献。战后各自治领又都参加了巴黎和会，并随后成为国际联盟的成员。这表明这些自治领的国际地位发生了变化，它们与英国的关系也不同了。

与爱尔兰联合王国和 1921 年南爱尔兰成为自治领之后的大不列颠与北爱尔兰联合王国。不论是"大不列颠联合王国"还是"大不列颠与爱尔兰联合王国",抑或是"大不列颠与北爱尔兰联合王国",它们都自称联合王国（United Kingdom，UK）、大不列颠（Great Britain）或不列颠（Britain）。英国人常以"英格兰"一词代指联合王国。① 英国著名宪法学家阿尔伯特·V.戴雪（Albert V. Dicey）在其代表作《英国宪法研究导论》中常将"英格兰"用作"大不列颠"或"联合王国"的同义语，英国另一著名宪法学家沃尔特·白芝浩（Walter Bagehot）也有类似习惯。② 而在我国历史学家那里，英国不仅指 1707 年联合之前的英格兰王国，也指 1707 年联合之后的以伦敦为首都的那个岛国。③ 我国新闻媒体和官方在面对我国国内民众时习惯称之为英国。

大英帝国（the Imperial Commonwealth of United Nations）、英联邦（the British Commonwealth of Nations）和英国是不同的组织。大英帝国又叫不列颠帝国，是由英国的殖民地、委任统治地（即托管地）、自治领和其他受英国统治管理的地区等组成的共同体，这个共同体是一个殖民国家，其元首由英国女王担任。1867 年，加拿大省、新不伦瑞克省和新斯克舍省合并为"加拿大"联邦，此联邦不再是英国的殖民地，而是英国的自治领。1877 年，英国的维多利亚女王因继承印度莫卧儿王朝（Mughal Empire）的法统而正式加冕为皇帝。这一加冕行为宣告了"不列颠帝国"（即大英帝国）的诞生。在英国君主兼任印度莫卧儿王朝皇帝期间，"不列颠帝国"是一个正式的国名。1947 年，不列颠帝国皇帝乔治六世放弃莫卧儿王朝皇帝的头衔，允许印度和平独立。这宣告了"不列颠帝国"的终结。也就是说，从 1877 年英国女王兼任莫卧儿王朝皇帝时起到 1947 年英国国王放弃莫卧儿王朝皇帝的头衔时止，英国和大不列颠帝国是同时存在的两个国家。1907 年，澳大利亚联邦和新西兰联邦都主动弃用"殖民地"这一称谓而自称"自治领"。同年，大英帝国将其最高权力机关——"殖民地会议"更名为"帝国会议"。自治领在帝国会议的地位比殖

① 参见［英］A. V. 戴雪《英国宪法研究导论》，何永红译，商务印书馆 2020 年版，第 60 页。

② 参见［英］布拉德利、尤因《宪法与行政法》（第 14 版）（上），程洁译，商务印书馆 2008 年版，第 67、105 页。转引自［英］A. V. 戴雪《英国宪法研究导论》，何永红译，商务印书馆 2020 年版，第 1 页。

③ 参见钱乘旦、许洁明《英国通史》，上海社会科学院出版社 2007 年版，第 1 页。

民地在殖民地会议的地位高出很多。在大英帝国内的自治领虽然尚未完全独立，但实际上都具备了完全独立的条件：自治领的事务由自治领内部决定后再报大英帝国议会批准，而大英帝国议会对自治领内部报上来的法案没有不批准的。但是殖民地事务则由大英帝国国王派出的总督决定，殖民地总督对大英帝国国王负责；大英帝国国王又受制于大英帝国会议，大英帝国会议又由英国议会主导。1910 年，南非也自称是英国的自治领而非殖民地。第一次世界大战时，英国各自治领派出军队参战并对英国获得第一次世界大战的胜利做出了重大贡献。第一次世界大战后，英国各自治领的代表和英国以及其他胜利国作为平等成员参加巴黎和会并都成了国际联盟的成员。南爱尔兰于 1921 年取得自治领地位，该事件强化了各自治领的独立愿望。1926 年，大英帝国的帝国会议通过《贝尔福报告》（*Balfour Declaration*），该报告是帝国会议对自治领地位加以确定的正式法律文件。根据《贝尔福报告》，各自治领和英国在法律地位上彼此独立且平等、互不隶属，各自治领都只对英王共同效忠，而且各自治领与英国以对英王的效忠为纽带结合为一个"英联邦"。在英联邦内，各自治领设置总督，总督是英王的代表，总督不接受英国政府的指令，总督在自治领的地位与作用如同英王在英国一样。① 根据《贝尔福报告》和 1929 年英国议会召开的以"自治领未来的宪法地位"为主题的专家会议的建议，英国议会于 1931 年颁布《威斯敏斯特法案》（*Statute of Westminster*）。1931 年的《威斯敏斯特法案》是英联邦的制宪性法律，它以法律的形式宣告了英联邦的成立。英联邦建立之初只包括英国及其自治领，不包括印度等殖民地和英国保护国，因此，从 1931 年到 1947 年期间，英国、英联邦和大英帝国是共存的。英联邦内的各自治领经过演变相继完全独立而成为与联合王国国格完全平等的国家。这些国家与英国依然组成英联邦且尊英国女王为共主。

---

① 参见钱乘旦、许洁明《英国通史》，上海社会科学院出版社 2007 年版，第 324 页。

（二）分离

英国官方对苏格兰分离公投的表述是"the Scottish independence referendum, 2014"[1]。这条英文短语中的 independence 一词翻译成中文是"独立"，但在法律上是指分离。根据《布莱克法律词典》（第五版），"独立"（independence）是指从依附、服从、受控中解脱出来的状态；政治独立是指一个民族（nation）或一个国家（state）具有完全的自主，或完全地不受任何外来力量的管治、控制或专制的属性。[2]《布莱克法律词典》（第五版）将 nation 一词解释为有共同的种族来源、生理特征、习俗、语言和历史传承的人的集合体，这种集合体通常但不必然生活在同一片特定的土地、主权和政府之下。[3] 也就是说，根据《布莱克法律词典》（第五版），"独立"的主体有两种：一种是人类学上的民族（nation），政治行动力不是其构成要素；另一种是政治学上的国家（state），政治学上的国家是由定居的居民、确定的领土、一定的政治组织和主权这四大要素

---

[1] The Edinburgh Agreement（full title：Agreement between the United Kingdom Government and the Scottish Government on a referendum on independence for Scotland）is the agreement between the Scottish Government and the United Kingdom Government，signed on 15 October 2012 at St Andrew's House，Edinburgh，on the terms for the Scottish independence referendum，2014. See "Text of the Edinburgh Agreement，" https://infogalactic.com/info//Edinburgh_Agreement_（2012），刊载日期：2012 年 10 月 15 日。

[2] 原文是 "Independence is the state or condition of being free from dependence，subjection，or control. Political independence is the attribute of a nation or state which is entirely autonomous，and not subject to the government，control，or dictation of any exterior power."。See Henry Campbell Black，*Black's Law Dictionary*（fifth edition）（St. Paul：St. Paul Minn. West Publishing Co.，1979），p. 693.

[3] 原文是 "Nation is a people，or aggregation of men，existing in the form of an organized jural society，usually inhabiting a distinct portion of the earth，speaking the same language，using the same customs，possessing historic continuity，and distinguished from other like groups by their radical origin and characteristics，and，generally but not necessarily，living under the same government and sovereignty."。See Henry Campbell Black，*Black's Law Dictionary*（fifth edition）（St. Paul：St. Paul Minn. West Publishing Co.，1979），p. 923.

构成的组织。① 政治学上的国家与自 1648 年《威斯特伐利亚和约》以来国际法上的国家在概念上是一致的。由此可知，《布莱克法律词典》（第五版）中的"独立"作为名词时是指国际法上的主体在政治上不受外来势力管控的状态，作为动词时是指人类学上的民族成为国际法上的国家的过程。

第二次世界大战后，一个地区要成为国际法上的独立国家有两条路径：一条是闹分离（secession），另一条是搞民族自决（self-determination）。从结果和表现上看，分离和自决没有区别；但是在法律性质上，二者有着云泥之别。（1）受国际法认可与否不同。自决是指处于殖民统治下、外国军事侵略或占领下的民族独立为国际法上的国际人格者，或自愿加入另一个国际人格者。分离是指一个国家的一部分领土脱离出来而独立成为一个国家和国际人格者或者加入另一个国家和国际人格者。分离主义又叫分离运动，是指使一国的一部分从该国脱离出去活动的总和。赞同或参与分离运动的人被称为分离主义者或分离势力。② 自决是国际法上的合法的行为，而分离则不受国际法认可。换句话说，国际法上有自决权，但没有分离权一说。国际法上多个国际文件肯定自决权，但从未将分离肯定为一项权利。1970 年，联合国秘书长发表了一篇著名声明，表示联合国过去、现在和未来都不接受所谓会员国特定区域有权从母国分离的原则。③（2）主体不同。自决权的主体是处于殖民统治之下的人民（people）或民族（nation）、处于外国军事侵略和占领下的人民或民族和主权国家的全体人民。④ 分离的主体是一国的部分地区及该地区的人民。

---

① 原文是 "A people permanently occupying a fixed territory bound together by common-law habits and custom into one body politic exercising, through the medium of an organized government, independent sovereignty and control over all persons and things within its boundaries, capable of making war and peace and of entering into international relations with other communities of the globe."。See Henry Campbell Black, *Black's Law Dictionary* (fifth edition) (St. Paul: St. Paul Minn. West Publishing Co., 1979), p. 1262.

② 参见［英］劳特派特修订《奥本海国际法》上卷第一分册，石蒂、陈健译，商务印书馆 1971 年版，第 130 页。《牛津高阶英汉双解词典》（第六版）对 secession 的解释是 "the fact that an area or group becoming independent from the country or larger group that it belongs to"。《牛津高阶英汉双解词典》（第六版），商务印书馆、牛津大学出版社 2004 年版，第 1566 页。

③ *United Nations Monthly Chronicle*, No. 2, 1970, p. 36. 转引自伍俐斌《"港独"与"台独"合流的初步分析及法理应对》，载《台湾研究》2017 年第 3 期，第 24 页。

④ 参见赵建文《人民自决权的主体范围》，载《法学研究》2008 年第 2 期，第 137 – 143 页。

（3）对象不同。分离所针对的是主权国家，自决所针对的是殖民国家。
（4）后果不同。分离损害的是主权国家的领土完整和统一，自决打击的是不人道的殖民统治。

英国相对苏格兰而言并非殖民者，也非军事占领者，而是一个国际法上的独立主权国家。英国与苏格兰的法律关系是作为整体的国家与作为组成部分的地方之间的关系。也就是说，苏格兰人既非受英国殖民统治下的人民，也非受英国军事侵略和占领的人民，亦非主权国家的全体人民。根据自决权的主体的范围，苏格兰不是自决权的主体，没有自决权。因此，意图使苏格兰独立的人属于苏格兰分离主义者，苏格兰谋求独立的活动属于分离主义或分离活动，"the Scottish independence referendum" 应翻译成苏格兰分离公投。

（三）公投

如前所述，英国官方对苏格兰分离公投的表述是"the Scottish independence referendum"，这条短语中 referendum 翻译成中文是"公民复决"。对"公民复决"，《布莱克法律词典》（第五版）是这样介绍的：

> Referendum is the process of referring to the electorate for approval a proposed new State constitution or amendment（constitutional referendum）or of a law passed by the legislature（statutory referendum）. Reservation by people of the state or local subdivision thereof, of right to have submitted for their approval or rejection, under prescribed conditions, any law or part of law passed by lawmaking body. [①]

我们可以把这段英文简略地翻译为："公民复决是新宪法或是立法机关通过的法律交由选民同意或不同意的过程。在此过程中，一国人民或一国的地方人民按照规定好的条件或立法机关制定的法律，保留对事务的同意或反对的权利。"《布莱克法律词典》（第五版）与德国宪法学家施米特和英国宪法学家戴雪在公民复决（referendum）的定义上是一致的。施米

---

① See Henry Campbell Black, *Black's Law Dictionary*（fifth edition）（St. Paul：St. Paul Minn. West Publishing Co. , 1979）, p. 1152.

特将公民复决定义为就是否批准立法机关的决议而举行的公民投票。① 戴雪认为："公民复决是指这样一个原则：议案尽管已经获得了上下两院通过，但只有在提交选民投票且得到投票选民之多数批准或者同意之后才能成为议会法。"②

公民投票是与公民复决有一定相似性但所指范围不完全相同的概念。公民投票是各种实质性表决的总称；而实质性表决是指由投票表决的国民对一个实质性问题表态，并以某种形式对这个问题做出实质性回答的活动。③ "公民投票"简称"公投"，其名下包括人民动议④、全民公投（plebiscite）、公民复决（referendum）等具体方式。⑤

既然公民复决的内容是立法机关的决议，而2014年苏格兰人表决的内容虽然也是实质内容，但是他们所表决的实质内容既不是英国议会的决议，也不是苏格兰议会的决议，因此2014年苏格兰人的表决行为不是一场真正的公民复决。既然如此，我们该如何称呼2014年苏格兰人直接就实质内容而非选民代表所进行的投票行为呢？2014年，苏格兰地区就"苏格兰是否应成为一个独立国家"这个问题而举行的投票虽然不完全符合公民复决的特征，但是完全符合公民投票的特征（即国民对一个实质性问题表态），故本书将"the Scottish independence referendum"译作"就苏格兰是否应分离的公民投票"，以下简称"苏格兰分离公投"。

二、选题背景

分离主义是当今世界上许多国家面临的难题。对母国而言，其地方的脱离具有毁灭性，因为地方分离成功意味着母国解体；对欲分离的地方而言，地方脱离具有建构性，因为地方脱离成功意味着脱离了母国的地方能按自己的意愿，或者与他国组建成新的国家或者自己独立为新国家。我们因此看到，一方面，世界上鲜有主权国家会在宪法中承认地方分离权。截至目前，人类历史上明确承认地方分离权的宪法只有1931年的《中华苏

---

① ［德］卡尔·施米特：《宪法学说》，刘锋译，上海人民出版社2001年版，第280页。
② ［英］A. V. 戴雪：《英国宪法研究导论》，何永红译，商务印书馆2020年版，第75页。
③ ［德］卡尔·施米特：《宪法学说》，刘锋译，上海人民出版社2016年版，第317页。
④ ［德］卡尔·施米特：《宪法学说》，刘锋译，上海人民出版社2001年版，第280页。
⑤ ［德］卡尔·施米特：《宪法学说》，刘锋译，上海人民出版社2016年版，第317页。

维埃共和国宪法大纲》、1924 年的《苏维埃社会主义共和国联盟宪法》和 1974 年的《巴哈马联邦宪法》。① 尽管这少数几部宪法承认地方分离权，但当它们的制定主体取得了政权或其取得的政权得到了巩固，这些允许地方分离的宪法条款就消失了。另一方面，分离势力与母国展开了层出不穷的和平或武力的斗争。

随着民主观念的不断深入人心，在分离势力和母国之间的和平斗争方式中，对分离势力最有利的莫过于争取到在分离势力所在地举行母国政府首肯的分离公投。这不仅因为代表制民主国家的国家机关实际上不太可能做出与某一地方的法定多数居民的意志相左的决定，而且因为国际社会一般只承认经母国政府首肯的地方脱离而不承认母国政府反对的地方脱离。国际法也不认为分离是单方面就可以完成的，国际法认可主权国家政府具有对地方的分离要求的处置权。② 现实中，分离势力无不极力向母国政府争取在分离势力所在地举行分离公投。

以法律（包括宪法渊源）形式表达同意举行地方分离公投，是当前各国政府的通行做法。我们把这类获得母国政府同意的地方分离公投称为有明确法律依据的地方分离公投。从 1864 年到 2022 年，全世界有明确法律依据的地方性分离公投共有 29 次。

三、研究个案为何是"英国-苏格兰"

自 1864 年以来，全世界有明确宪法法律依据的地方性分离公投的基本情况中，存在两个令人深思的现象：（1）经母国政府首肯的地方分离公投共有 23 次。其中，使公投地区从母国脱离的共 20 次（占地方性分离公投中的绝大多数），未使公投地区从母国脱离的公投仅 3 次（占地方性分离公投中的极少数）。在这 3 次未使公投地区从母国脱离出去的地方分离公投中，有 2 次发生在英国。（2）所有发生在英国的地方性分离公投都没有使闹分离的地方从英国脱离。这一现象使我们不自觉地将关注点转

---

① See Susana Manicini, "Secession and self-determination," in Michel Rosenfeld, Andras Sajo, et al. , *The Oxford Hand Book of Comparative Constitutional Law* (Oxford: Oxford University Press, 2012), pp. 481 – 490.

② 参见王英津《自决权理论与公民投票》，北京九州出版社 2007 年版，第 186、246 页。

到苏格兰的分离主义和英国政府对苏格兰分离主义的应对措施上。

　　英国是近现代宪法的发源地，法治传统悠久。英国人曾如此自豪地赞美自己国家的宪制："它不纯粹是一种可比之于任何其他国家的政府形式的政体①，而可以说是一个体现政治家才能的神圣奥秘……它也不是抽象理论的结果，而是直觉的产物，据说这种直觉使得英国人尤其是尚未开化的英国人能够逐步建立坚实而持久的制度，这与蜜蜂筑巢非常类似，蜂巢结构精妙，胜于人工之巧……"② 英国纵有受英国人高度赞美的精妙宪制，其境内依然饱受苏格兰分离主义之苦。从 1707 年建国起，在英国310 多年的历史中，苏格兰分离主义者既提起过废除联合王国的法案［如1713 年苏格兰辉格党人在英国上议院提起过一部旨在废除 1707 年的《联合法案》（Articles of Union）的议案，而该议案险些被上议院通过③］，也发动过武装斗争（如 1715 年苏格兰詹姆士党人发动武装叛乱和 1745 年查理·爱德华发动武装叛乱④），还举行过分离公投［如 2014 年的苏格兰分离公投（Scottish independence referendum），即使是面对地方分离、国家解体这样的政治问题，英国政治家们也能将其置于严密的法律程序内解决⑤］。这让我们再次感受到英国深厚的法治传统。

　　但 2014 年苏格兰分离公投的举行从侧面说明，英国政治家们面对苏格兰分离主义时在宪制上除了诉诸公投就别无他策了。因为 2014 年苏格兰分离公投的结果是支持苏格兰独立的票数未达到法定多数，所以这次公投使英国暂时性地化解了苏格兰脱离、英国解体的危机。此公投后，苏格兰分离主义者俨然已将发动苏格兰分离公投视为达成其分离目的的主要和

---

　　① 国家政权组织形式的简称。——作者注

　　② ［英］A. V. 戴雪、R. S. 雷特：《思索英格兰与苏格兰的联合》，戴鹏飞译，上海三联书店 2016 年版，第 90 页。

　　③ 参见［英］A. V. 戴雪、R. S. 雷特《思索英格兰与苏格兰的联合》，戴鹏飞译，上海三联书店 2016 年版，第 237－238 页。

　　④ 参见［德］伯恩哈德·迈尔《苏格兰史》，佟文斌、王舒惠、陈璐译，上海三联书店2019 年版，第 78－79 页；钱乘旦、许洁明《英国通史》，上海社会科学院出版社 2007 年版，第195－197 页。

　　⑤ 2014 年 9 月 18 日，苏格兰根据《2013 年公民投票法》中的规定，举行了脱离公民投票。此次公投的投票率为 84.5%，反对苏格兰独立的占 55%，赞成苏格兰独立的占 45%。此公投的投票率和程序皆符合《2013 年公民投票法》。因支持苏格兰独立的票数没有达到《2013 年公民投票法》的要求，2014 年苏格兰分离公投的结果是苏格兰不能从英国分离出去。

平手段，且多次要求在苏格兰地区再度举行分离公投。例如，英国签署的《作为一方的欧盟兼欧共体与作为另一方的大不列颠与北爱尔兰联合王国的贸易与合作协议》（*Trade and Cooperation Agreement Between the European Union and the European Atomic Energy Community，of the One Part，and the United Kingdom of Great Britain and Northern Ireland，of the Other Part*，以下简称《英国脱欧协议》）在 2021 年 1 月 1 日生效，英国自此从欧盟脱离而不再是欧盟成员国。而就在 2017 年英国与欧盟商谈英国脱欧一事之际，苏格兰分离势力向苏格兰议会提起了举行苏格兰分离公投的议案。此议案在苏格兰议会获得通过，后因英国政府不批准，这次苏格兰分离公投便没能举行。再如，2022 年 9 月 8 日英国女王伊丽莎白二世在苏格兰巴尔莫勒尔城堡去世后，苏格兰分离势力领袖尼古拉·斯特金向媒体表示，将向苏格兰议会要求再次举行苏格兰分离公投，以决定苏格兰是否从英国分离。[①] 苏格兰分离势力这次提出的再度举行苏格兰分离公投的要求也没有得到英国政府的同意。

一方面是被世人赞不绝口的法治传统和法律程序复杂的分离公投，另一方面是愈演愈烈的苏格兰分离主义，这让"英国 - 苏格兰"成为以下研究的绝佳个案：一个国家即使拥有深厚的法治传统，也不能阻止地方分离主义吗？地方分离主义到底是怎么形成的，地方分离主义的愈演愈烈意味着国家宪制在维持国家统一方面存在怎样的不足？一个国家在防控或化解地方分离主义时可以采取哪些宪制措施？一个国家应该怎样设计地方分离公投才能使地方分离公投成为有效阻止地方分离的最后一道阀门？

四、问题的提出

2014 年苏格兰分离公投虽然早已落下帷幕，然而其合法性问题仍处于极大的争议中。[②] 有的学者认为 2014 年苏格兰分离公投根本不具有合法性，而有的则认为具有合法性。持"2014 年苏格兰分离公投有合法性"

---

① 参见网页 https://new.qq.com/rain/a/20221010A07CQF00，刊载日期：2022 年 10 月 10 日。

② See "The Referendum：Memorandum of Agreement and Draft Section 30 Order，"参见网页 https://www. scottishconstitutionalfutures. org/OpinionandAnalysis/ViewBlogPost/tabid/1767/articleType/ArticleView/articleId/340/Aileen - McHarg - The - Referendum - Memorandum - of - Agreement - and - Draft - Section -30 - Order. aspx，刊载日期：2012 年 10 月 16 日。

观点的学者对 2014 年苏格兰分离公投的合法性来源也有不同看法：有的学者认为来自苏格兰人民，有的认为来自英国人民，有的认为来自苏格兰议会，有的认为来自英国议会，有的认为来自英国女王，有的认为来自英国政府和苏格兰政府之间达成的《英国政府与苏格兰政府就苏格兰分离公投达成的协议》（*Agreement Between the United Kingdom Government and the Scottish Government on a Referendum on Independence for Scotland*，以下简称《爱丁堡协议》），有的认为来自英国议会和苏格兰议会的共同同意，还有的认为来自英国人民和苏格兰人民之间达成的共识。观点之多，不一而足。

许多学者向来认为英国是单一制国家。根据单一制的基本原理，单一制国家的地方没有分离权。因此，2014 年苏格兰分离公投不论有着怎样精密的法律程序，也不具有合法性。如果 2014 年苏格兰分离公投具有合法性，这难道不是在说英国和苏格兰的宪法关系不再是单一制下的中央与地方的关系了吗？代表制民主下宪制主体的根本任务是维护国家统一而不是使国家解体。在代表制民主国家，能使国家解体的只有人民。如果 2014 年苏格兰分离公投的合法性来自英国议会、英国政府、苏格兰政府和苏格兰议会等任何一个或几个国家机关，这岂不是在说英国不是纯粹的代表制？如果英国不是纯粹的代表制，那么，在英国议会、英国政府、苏格兰政府和苏格兰议会这几个组织中，哪一个才能让 2014 年苏格兰分离公投具有合法性？如果英国议会、英国政府、苏格兰政府和苏格兰议会等任何一个国家机关都不具有举行苏格兰分离公投的权力，那么 2014 年苏格兰分离公投根本就不具备合法性。一场根本就不具备合法性的地方性分离公投，为何还要按如此精密的法律程序呈现？连合法性都不具备的 2014 年苏格兰分离公投，怎么可能成为《爱丁堡协议》所称的具有决断性（decisive）的公投呢？

这一串凌乱的问题背后实则藏着三大相互关联的宪法问题：第一个问题，英国的国家结构形式到底是单一制还是联邦制，抑或是别的什么制度？换言之，英国和苏格兰的宪法关系到底是什么？第二个问题，2014 年苏格兰分离公投的合法性问题。在实体合法性问题上，英国内阁和苏格兰内阁签订的《爱丁堡协议》能不能成为 2014 年苏格兰分离公投的合法性来源？如果不能，那么 2014 年苏格兰分离公投的合法性会不会是来自英国议会呢？如果是英国议会，此时的英国议会行使的是立法权还是别的性质的权力？苏格兰议会对举行 2014 年苏格兰分离公投的同意权又是一种什么性质的权力？如果 2014 年苏格兰分离公投的合法性来源既不是《爱丁堡协议》，又不是英国议会，也不是苏格兰议会，而是英国女王，那么该如何理解英国的立宪君主制和政权组织形式？如果 2014 年苏格兰分离公投的合法性来源既不是《爱丁堡协议》，也不是英国议会、苏格兰议会、英国女王，那么我们该如何理解 2014 年苏格兰分离公投的整个法律过程以及英国女王、英国议会、英国内阁、苏格兰议会、苏格兰政府在这整个法律过程中所扮演的角色？第三个问题，合法性与决断性的关系是什么？在何种情况下地方性公投结果具有决断力（亦即具有决断性）？

五、研究价值

（一）理论意义

本研究在理论上深化了对公投性质的认识。目前，我国学界对公投的研究并不多，而且，鲜有深入研究公投性质的。一方面，这与人们对公投的认知不足有关，常将公投与"崇洋媚外"或"支持西化"相联系。然而，事实上，第二次世界大战后有 98% 的国家举行过公投，70% 的国家有公投法，而且其中不乏发展中国家，有的是社会主义国家（比如苏联）。[①] 另一方面，这与规范宪法学的流行有关。规范宪法学拥护立宪主义，在制宪权的性质上，规范宪法学将制宪权视为国家权力的一种特殊表现形式。因此，我国规范宪法学派的公投研究仍停留在公投的含义、公投的历史源流、公投的类型、主要西方国家公投制度的具体规定等方面，而难以触及公投性质这一更深层次的理论问题。即使触及了公投性质，依据规范宪法学，公投也只能被解读为宪法规范上的公民政治权利。本书认为，仅从规范宪法学角度理解公投性质是不够的。本书选择从政治宪法学角度研究公投，得出以下结论。

第一，公投是探知人民意志的宪制工具。人民、人民的意志和人民制宪权是具有绝对性的事物，而立宪民主制则是一套具有相对性的存在和体

---

① See Matt Qvortrup, *A Comparative Study of Referendum* (Manchester: Manchester University Press, 2012), p. 1.

系。施米特在《宪法学说》一书中指出，立宪民主制本身就意味着纯粹民主制的后果得到了缓和，受规范制约的权限取代了直接的、绝对的人民意志，人民不得行使宪制权。因此，立宪民主国家的法律中即使规定了可以依据人民立法程序立法，实际上依据这种人民立法程序制定出来的法律依然只属于宪法法规意义上的法律，这种人民立法本质上依然只是宪制下立法权行使的结果而不是人民制宪权行使的结果。① 与人民立法程序相对应的是普通立法程序，后者指宪制内立法权行使的程序。宪制内的普通立法程序和包括公投在内的人民立法程序都是一套探究人民意志的宪制工具，而不是人民立法本身。在国家性公投中，人民意志是否显现的判断标准是，较大多数或压倒性多数的国民是否对公投问题持赞同意见。如果是，这种国家性公投中就出现了人民意志。在地方性公投中，人民的意志是否显现的判断标准是，对公投问题持赞成意见的国民数量是否占全体国民的较大多数或压倒性多数。如果是，这种地方级公投中就出现了人民意志。人民具有突破法治国规范框架的政治力量。人民一旦出场，日常政治就告中止、国家就进入非常政治状态。反之，如果公投中没有出现人民意志，此公投就是名为人民立法程序而实为普通立法程序中的一个环节。②

第二，公投结果对一国的主权性立法机关——如果存在的话——和所有国家权力机关是否具有约束力，由公投中是否出现了人民喝彩决定。申言之，立宪民主制国家的公投如果出现了人民喝彩的情形，那么这种公投的结果不仅对所有国家权力机关具有法律约束力，还对主权性立法机关——如果该国家有主权性立法机关的话——具有政治约束力。但是，如果立宪民主国家的公投结果是对公投问题持赞成态度的只有法定多数票且这法定多数票尚未构成较大多数国民，这时的公投在本质上就不是人民的制宪行动，这种公投的结果对主权性立法机关没有政治约束力，但对所有国家权力机关是否具有法律约束力则得依据举行公投的国家的法律来判断。

第三，国家机关在公投全过程中的角色的定性必须根据公投结果来确定。如果公投中出现了人民喝彩的情形，那么这种公投在本质上就是人民行动，这时的公投也是真正的人民立法程序中的关键环节。在这样的公投

---

① 参见［德］卡尔·施米特《宪法学说》，刘锋译，上海人民出版社2001年版，第279页。
② 参见［德］卡尔·施米特《宪法学说》，刘锋译，上海人民出版社2001年版，第279页。

中，一切国家机关（包括人民代议机关）都不是真正的人民立法程序的主体，而只是作为辅助机关参与公投。

第四，公投中一旦出现了人民喝彩，就无须再讨论公投是否具有合法性。合法性本质上是指在宪制内的法律主体的行为合乎宪制。国内法层面的"合法性"一词在英文中的对应词是 lawful 和 legal，lawful 是指实体合法，而 legal 则是指程序合法。[①] 所谓实体合法性，是指主体的行为属于法秩序所认可和保护的权利或权力。所谓程序合法性，是指主体的行为遵守了法秩序中相应的程序规范。实体合法性是程序合法性的基础和前提。人民在宪制以外而且是宪制的创造者，那么，作为人民行使制宪权的手段、作为人民立法程序的公投不能也无须获得宪制内的实体合法性，这当然意味着它不需要宪制内的程序合法性。如果公投中出现了征候效应，那么这时的公投就是真正的人民立法程序，就不需要具备合法性，而且这时的公投也不可能获得宪制层面的合法性，因为这时出现了宪法中止（又称"宪法悬置"）。在宪法悬置的情形下，人民直接出场。

（二）实践意义

本书的研究发现，不论是在宪法理论上还是在全球实践中，单一制国家的地方和联邦制国家的邦成员在分离权上存在一定的区别。单一制国家主权单一。[②] 在单一制国家，地方政权的权力由中央政府通过宪法和法律授予，地方行政区单位和自治单位没有脱离的权力。而且，不论地方拥有多高的自治权，其自治权都不能背离单一制原理，即其权力源自中央的授予。在实行民主制且是单一制的国家，国家才有主权，地区并无主权。只要宪法中没有承认地方分离权，一切宪制权——不论是中央的还是地方的——都无权发起商谈地方分离事宜的动议。即使按照最高国家权力机关的立法举行了地方性分离公投，这样的分离公投也不具有合法性，且无任何法律约束力，但是能对最高国家权力机关构成政治道德上的约束。如果地方欲脱离，只有举行国家级分离公投而且在国家级分离公投中赞成分离

---

① See Henry Campbell Black, *Black's Law Dictionary* (fifth edition) (St. Paul: St. Paul Minn. West Publishing Co., 1979), p. 797.

② 参见［英］劳特派特修订《奥本海国际法》上卷第一分册，石蒂、陈健译，商务印书馆 1971 年版，第 133 页。

的票数达到压倒性多数时，分离公投的结果才具有决定性。如果地方欲分离而没有举行国家级分离公投，则只有当人民代议机关获得了人民授予的制宪权时，人民代议机关对欲分离地区能否脱离的决定才具有正当性。在实行联邦制的国家，联邦主权和成员邦主权共存，成员邦在加入联邦时保留了主权却放弃了单边脱离权。只有成员邦获得所有成员邦的一致同意时，或者举行联邦级别的分离公投且公投结果是压倒性多数赞成解散联邦时，或者联邦某个机构获得了全体联邦人民授予的制宪权时，成员邦才能从联邦脱离。联邦国家的地方分离公投的结果也不具有决定性，虽然对联邦和举行分离公投的成员邦的国家权力没有法律约束力，但有政治道德上的约束力。如果联邦国家的地方分离公投的结果显示压倒性多数的投票权人支持欲脱离的成员邦分离，则此公投结果虽然没有法律约束力，但是在政治上有动议作用，也就是说能启动该成员州的分离程序，联邦政府也因此有了召集所有成员邦协商解散联邦的宪法义务。正因为单一制国家的地方和联邦制国家的邦成员在分离权上存在这一巨大差异，单一制国家的分离主义者往往极力论证母国实行的不是单一制而是联邦制。苏格兰分离主义者极力宣传英国和苏格兰的宪法关系不是单一制式的中央和地方的关系：他们中有的主张 1707 年联合而成的不是一个独立的主权国家，而是一个邦联，这也就意味着苏格兰自 1707 年联合时起就是一个有独立主权的国家。还有的苏格兰分离主义者主张英国是一个联邦制国家。持这一派观点的人又分为两类，一类认为 1707 年联合而成的英国是个联邦制国家，另一类认为 1998 年英国权力下放苏格兰后英国就变成了联邦制国家。显然，如果英国是一个联邦制国家的观点成立，那么这对苏格兰分离主义者是极有好处的，因为它可以使苏格兰分离主义者主张苏格兰有一定的主权、有固有权力、有一定的分离权。总而言之，分离主义者一般不会主张母国是单一制国家，因为母国是单一制国家对分离主义者是不利的。

这对我国防控地方分离主义风险有一定实践意义。《中华人民共和国宪法》禁止地方分离，我国的国家结构形式也是非常典型的单一制。对一些不法分子主张中国是联邦制国家的言论应保持警惕，应将一切地方分离主义扼杀在摇篮中。

六、研究现状

（一）"公投"的研究现状

我国学界关于公投的研究专著不多，较有代表性的著作和论文有：刘军宁等编写的《直接民主与间接民主》从发生学的角度梳理了全民公投的历史流变；① 魏贻恒的《全民公决的理论与实践》一书较全面地介绍了全民公决的若干理论问题、源流与发展，现代全民公决的类型，主要西方国家的全民公决制度，全民公决的性质和争议，全民公投在中国的引入和实践等内容；② 我国台湾省的陈隆志编写的《全民公投与台湾前途》介绍了全民公投在世界上一些国家的实践、代表性国家的公投的具体规定以及台湾的公投制度；③ 台北大学公共行政与政策学系李俊达的《欧洲国家全民公投经验之跨国比较：议题、时程与结果》以细致的分类标准讨论了欧洲国家的全民公投；④ 台湾省吴志光编译的《德、奥两国创制复决相关法规汇编》对德奥两国公民复决的法规做了详细介绍。⑤ 此外，一些法学著作的个别篇章有公投的内容。例如，王世杰、钱端升的专著《比较宪法》第三编"公民团体"中简要介绍了全民公投；⑥ 谢振民编著的《中华民国立法史》中介绍了全民公投在中华民国时期的理论、制度与实践等内容。⑦

国内关于全民公投的期刊论文有三百多篇，在这些学术期刊论文中，较有代表性的包括：王英津的《关于遏制分离性全民公投的对策思考——以魁北克"公投"为个案》《全民公投类型研究的局限及解决思

---

① 参见刘军宁等编《直接民主与间接民主》，生活·读书·新知三联书店 1998 年版。

② 参见魏贻恒《全民公决的理论与实践》，中国人民大学出版社 2007 年版。

③ 参见陈隆志编《全民公投与台湾前途》，台北正中书局 2000 年版。

④ 参见李俊达《欧洲国家全民公投经验之跨国比较：议题、时程与结果》，载《东吴政治学报》2009 年第 1 期，第 53 - 121 页。

⑤ 参见吴志光编译《德、奥两国创制复决相关法规汇编》，台湾内政部编印 1997 年版。

⑥ 参见王世杰、钱端升《比较宪法》，商务印书馆 1999 年版。

⑦ 参见谢振民编著《中华民国立法史》，上海书店出版社 1996 年版。

路》和《国际法上自决性全民公投刍议》①，孙一萍的《欧美学界关于全民公投制度的研究》和《全民公投概念辨析——以法国学界为例》②，刚威的《谈全民公决问题》③，何包钢的《直接民主理论、直接民主诸形式和全民公决》④，等等。

　　国内学者对公投的研究集中在对与公投相关概念的辨析、类型划分、应用范围、代表性国家的公投细则和公投实践等问题上，而且侧重对全民公投做实证分析，极少研究公投的性质、有权启动公投的主体、国家机关参与公投的行为的定性、公投结果的法律效力和政治实效、公投所遵循的法律程序的性质等宪法理论问题。

　　欧美学界对全民公投的研究较为丰富，具有代表性的有：马特·奎特鲁普（Matt Qvortrup）的《全民公投的比较研究》通过大量的实证数据来分析全民公投有无提升国家的民主质量；⑤ 米歇尔·加拉盖（Michael Gallagher）主编的论文集《欧洲的全民公投实践》展示了来自欧美各个国家的学者对全民公投的观点；⑥ 乔·萨托利（G. Sartori）的《民主新论》和大卫·赫尔德（David Held）的《民主的模式》则都深入探讨了直接民主和代表制民主的历史演变与存在形态；⑦ 大卫·施密特（David D. Schmidt）的《公民立法：动议式投票的革命》分析了公民立法程序以及动议式投票对代表制可能造成的冲击；⑧ 韦农·波格丹诺（Vernon Bogda-

---

　　① 参见王英津《关于遏止分离性全民公投的对策思考——以魁北克"公投"为个案》，载《河南师范大学学报（哲学社会科学版）》2008年第3期；《全民公投类型研究的局限及解决思路》，载《理论探讨》2008年第3期；《国际法上自决性全民公投刍议》，载《国际关系学院学报》2009年第1期。

　　② 参见孙一萍《欧美学界对全民公投制度的研究》，载《史学理论研究》2012年第1期；《"全民公投"概念辨析——以法国学界为例》，载《世界历史》2014年第5期。

　　③ 参见刚威《谈全民公决问题》，载《云南行政学院学报》1999年第3期。

　　④ 参见何包钢《直接民主理论、直接民主诸形式和全民公决》，见刘军宁等编《直接民主与间接民主》，生活·读书·新知三联书店1998年版。

　　⑤ See Matt Qvortrup, *A Comparative Study of Referendum* (Manchester: Manchester University Press, 2012).

　　⑥ See Michael Gallagher, Pier Vincenzo Ulberi, *The Referendum Experience in Europe* (New York: Macmillan Press Ltd., Hundmills, Basingtokem Hampshire and London: St. Martin's Press, INC, 1996).

　　⑦ See David Held, *Models of Democracy* (Stanford: Stanford University Press, 1987).

　　⑧ See David D. Schmidt, *Citizen Lawmakers: The ballot Initiative Revolution* (Philadelphia: Temple University Press, 1989).

no）的《人民和政治制度：英国政治中的全民公投和选举》分析了英国全民公投的引进历史、适用范围、实践等重要问题；[1] 等等。

欧美学者们对公投的研究集中在以下五个方面。

一是公投的性质、公投与人民代表制的关系。当前西方学界的主流观点是，人民是一切国家权力的本源，人民只能通过代议机关进行统治，然而，在代表制国家政权组织形式（以下简称"政体"）陷入困境后，人民应该通过全民公投直接参政以补救代表制的危机。也就是说，西方学界多认为，公投的性质是人民直接参政的通道和工具。直接民主和间接民主的关系是，在国家的日常政治中应该践行间接民主，但当间接民主失灵时就应该用公投的方式请出人民，让直接民主补救间接民主。公投与人民代表制的关系是：公投一方面可以加强代表制的合法性，另一方面因为可能助长多数人暴政而对代表制构成一定的威胁。不过，也有学者持不同意见，如法国的米歇尔·纪尧姆（Michel Guillaume）认为不论人民主权还是代表制都与全民公投无内在关联。

二是全民公投能否提升国家的民主质量。在这个问题上存在两派观点：一派认为全民公投能提升国家的民主质量，另一派认为全民公投和国家民主质量之间没有内在联系。值得一提的是，这两派都用了采集到的大量支持自己论点的实证数据，从而出现了"公说公有理，婆说婆有理"的局面。

三是全民公投中民意的形成与新技术之间的关系。首先，在"新技术在全民公投中的应用是否决定了民意的形成"问题上，学者们普遍认为，单纯依靠新技术并不能使全民公投产生民意。如麦克莱昂在《民主的机制》中认为单纯依靠技术发展并不能解决民意的产生。此外，他还认为，新技术的使用在一定程度上有助于公投中民意的产生。如麦克莱昂在《公共选择入门》一书中专门探讨了新技术的发展与民意的形成及表达之间的关系，提出技术的发展对民意的形成和表达有一定的帮助作用。

四是全民公投的分类。学界对公投的分类尚未形成一致看法，因为缺乏统一的分类标准，有些学者甚至认为没有必要对全民公投进行分类，其理由是全民公投这些术语的含义已经十分清楚，无须再对其进行分类。其

---

① See Vernon Bogdanor, *The People & the Party System*: *The Referendum & Electoral in British Politics* (Cambridge: Cambridge University Press, 1981).

实，那些统称为全民公投的活动虽然表面上都是选举权人的投票活动，但二者差异很大。对全民公投进行明确的分类，有助于研究者准确地把握各种全民公投的实质和效力。有些学者根据全民公投是否有法律效力将全民公投分为决议式全民公投和建议式全民公投；有些学者根据全民公投的举行范围将全民公投分为国家级公投和地方级公投；有些学者根据全民公投的主题是宪法问题还是普通法律问题，将全民公投分为宪法性全民公投和法律性全民公投。实践中也存在以"全民公投"冠名的活动，这些活动是不是公法意义上的全民公投，还需要根据具体情况进行具体分析。

五是其他。比如全民公投与政党政治的关系。这个问题的核心是，在政党政治的框架下，全民公投的结果究竟能多大程度地反映投票者的真实想法？帕里·斯文森（Palle Svensson）认为，政党对民众的影响要依据公决议题的类型来确定：如果属于公众难以估量其后果的问题，那么政党在其中起决定性作用；而如果公决议题更接近日常事务，那么民众自己做出判断的可能性更大。[①] 再如，古代的直接民主制度和现代的全民公投的区别与联系。有的学者认为现代的全民公投是"半直接民主"，有的学者认为现代全民公投制度和古代直接民主制度的本质区别是"直接性"的丧失。

（二）"分离"的研究现状

分离不同于国际法上的自决权。我国的国际法学者做了大量关于国际法上的"自决"的研究，如白桂梅的《国际法上的自决》[②]、李红杰的《由自决到自治：当代多民族国家的民主政治经验教训》[③]、潘志平的《民族自决还是民族分裂？民族和当代民族分立主义》。[④] 除了这些代表性的国际法专著，还有千余篇关于自决权的学术期刊论文，如赵建文的《人

[①]　See Palle Svensson, "Class, Party and Ideology—A Danish Case Study of Electoral Behavior in Referendums," *Scandinavian Political Studies*, Vol. 7, No. 3, 1984. 转引自孙一萍《欧美学界对全民公投制度的研究》，载《史学理论研究》2012 年第 1 期，第 116－118 页。

[②]　参见白桂梅《国际法上的自决》，中国华侨出版社 1999 年版。

[③]　参见李红杰《由自决到自治：当代多民族国家的民主政治经验教训》，中央民族大学出版社 2009 年版。

[④]　参见潘志平主编《民族自决还是民族分裂？民族和当代民族分立主义》，新疆人民出版社 1999 年版。

民自决权的主体范围》和《人民自决权与国家领土完整的关系》①、范毅的《论自决权的性质—— 一种国际法与国内法的综合分析》②。在国内的这些国际法学者的研究中，对本书启发颇大的观点如下：第一，"自决"最早是政治哲学上的概念，在第二次世界大战之后，"自决"这一概念走向国际法，成为一项国际法原则——民族自决原则。冷战结束后，民族自决的概念和相关问题又有向国内法回归的趋势，其代表性表现为自决权被拿来与分离主义混同使用。第二，自决权与分离主义不同。二者的区别在于行为主体不同和性质不同。自决权的主体有：（1）处于殖民统治之下的人民（people）或民族（nation）；（2）处于外国军事侵略和占领下的人民或民族；（3）主权国家的全体人民。③ 分离的主体是一国的部分地区。自决是国际法上的合法的行为，分离不受国际法认可。国际法上有自决权（self determination），但没有分离权一说。国际法上多个国际文件肯定自决权，但从未肯定分离是一项权利。1970 年，联合国秘书长发表了一篇声明，表示联合国在过去、现在和未来都不接受所谓会员国特定区域有权从母国分离的原则。④ 第三，在现阶段的国际法中，公投与民族自决的关系是：公投是民族自决的实现方式中的一种，民族自决的实现当然还有其他手段，如暴力革命。举行公投既不是领土变更和民族独立的合法性要件，也不是民族独立的方式上的国际惯例，更不是国际法上的严格义务。

我国大陆地区鲜有学者从公法角度研究分离，而台湾地区的一些公法学者则对分离做了少许研究。在那少许的研究中，分离只是作为全民公投的议题之一而被附带介绍。相比之下，国外公法学界对分离研究得更多，也更细致、更深入，较有代表性的作品有阿兰·布切南（Allen Buchanan）的专著《分离：从萨姆特堡到立陶宛和魁北克的"政治离婚"的道德性》。该书勾勒了存在分离权的特定情形，这些特定情形的共性是存在绝

---

① 参见赵建文《人民自决权的主体范围》，载《法学研究》2008 年第 2 期，第 133 – 148 页；《人民自决权与国家领土完整的关系》，载《法学研究》2009 年第 6 期，第 174 – 192 页。

② 参见范毅《论自决权的性质—— 一种国际法与国内法的综合分析》，载《现代法学》2005 年第 3 期，第 151 – 159 页。

③ 参见赵建文《人民自决权的主体范围》，载《法学研究》2008 年第 2 期，第 137 – 143 页。

④ See United Nations Monthly Chronicle, No. 2, 1970, p. 36. 转引自伍俐斌《"港独"与"台独"合流的初步分析及法理应对》，载《台湾研究》2017 年第 3 期，第 24 页。

大多数受压迫或受异族统治。① 罗伯特·麦可基（Robert W. McGee）的《重新思考分离》提出，只有当分离派能在邻原所属国的领土上建立一个可靠的微型政府，分离才具有正当性。② 大卫·戈登（David Gordon）的《分离、国家和自由》提倡设立无条件的普遍性的分离权。③ 这是一种典型的将国际法上的民族自决权与宪法上的分离相混淆的做法。阿列克森达·帕克维克（Aleksandar Pavkovic）和彼得·拉丹（Peter Radan）合著的《建国：分离实践和理论》、大卫·哈里安（David Haljan）的专著《分离的宪法化》、米尔德拉斯·乔瓦诺维克（Miodras A. Jovanovic）的专著《联邦国家分离的宪法化：程序视角》、丹尼尔·A. 法伯（Daniel A. Farber）的专著《林肯宪法》等，都从公法角度探讨了分离能否以及如何在既定的宪法框架内实现。④

地方是否享有宪法上的分离权？对于这个问题，美国的卡尔·霍恩（John C. Calhoun）、美国联邦最高法院、德国宪法学家施米特和加拿大联邦最高法院都发表过看法。霍恩是美国南北战争时期属于南方且支持南方的法学家，他认为联邦国家的各州有宪法上的分离权，理由是"州权只在宪法明确规定的范围内予以限制，州权不受限制的推定表明组成联邦的各州应该享有这种独立主权，联邦宪法只是一份契约，联邦并无主权；若各州认为自己的安全和存在受到联邦的威胁，各州就有解除联邦协议、分离联邦的权利"⑤。

对于联邦国家的各州是否有宪法上的分离权，美国联邦最高法院持与霍恩完全相反的观点。在1869年的"得克萨斯州诉怀特案"中，美国联邦最高法院在判决中提出："联邦宪法不仅仅是一份契约，它的本质是政治统一体，政治统一体具有永久存续的本能，分离权所代表的州的静态主

---

① See Allen Buchanan, *Secession：The Morality of Political Divorce from Fort Sumter to Lithuania and Quebec* (Boulder：West View Press, 1991).

② See Robert W. McGee, "Secession Reconsidered," *the Journal of Libertarian Studies*, Vol. 11, 1994.

③ See David Gordon, *Secession*, *State and Liberty* (New York：Transactions Publishers, 1998).

④ See David Haljan, *Constitutionalising Secession* (Oxford and Portland, Oregon：Hart Publishing, 2014); Miodras A. Jovanovic, *Constitutionalising Secession in Federalised States：A Procedural Approach* (Utrecht：Eleven International Pub. , 2007); Daniel A. Farber, *Lincoln's Constitution* (Chicago：University of Chicago Press, 2004).

⑤ 参见［美］卡尔·霍恩《卡尔霍恩文集》，林国荣译，广西师范大学出版社2015年版。

权与联邦宪法所代表的联邦垄断式权力存在根本冲突，加入联邦就等于永久性地放弃了分离权。"①

德国宪法学家施米特在其名著《宪法学说》一书中指出：在单一制国家，地方没有分离权；在联邦国家，由于联邦的主权本质上是归属不明、悬而未决的，也即由于联邦是联邦和州各自的主权并存的状态，因此，一旦州的主权被否决，联邦国家实质上就成了单一制国家，而一旦联邦的主权被否决，联邦就告解体。② 1998 年加拿大联邦最高法院针对魁北克分离争端发表了一份参考性意见，该意见一方面坚决反对地方的单方分离权，另一方面又对"宪法中存在分离权"这种说法进行彻底否定。最后，加拿大联邦最高法院从实用主义出发，提出"协商分离说"。所谓"协商分离说"，是指加拿大联邦并非不可摧毁的永久联盟，加拿大的四大宪法原则③既不允许单边分离权，也不允许彻底禁止地方分离……如果魁北克人民的明显多数（a clear majority）对是否分离这个明确的问题（the clear question）做出了肯定性回答，联邦政府、其他省政府以及其他主体就不能再保持冷漠，就有了与魁北克就分离进行谈判的法律义务。

此外，还有一些学者也提出了各自的分离学说。例如，艾伦·布坎南（Allen Buchanan）提出，当特定人群或者特定地区的居民的基本权利遭受持续侵害、采取革命方式又明显不切实际时，遭受不义的群体就有权从所属国分离出去。④ 丹尼尔·温斯托克（Daniel Weinstock）从功能和实用的角度提出宪法应该承认分离权，其理由是在宪法中承认分离权并且对分离程序做非常严格的规定，不但不会鼓励暴力，反而会促进妥协与合作。⑤

---

① 在 1869 年"得克萨斯州诉怀特"案中，美国联邦最高法院驳回了分离派的诉求并且判决道："宪法的目的即形成更完美的联盟，联邦宪法不可能规定各州有分离联邦的权利。……成员加入联邦时所签订的法案不仅仅是一部契约，它还意味着新成员加入一个政治统一体中，而且这种加入行为是一次就终结的，成员并没有任何再次考虑或分离的空间，除非通过革命或者通过各州的同意。"

② 参见［德］卡尔·施米特《宪法学说》，刘锋译，上海人民出版社 2001 年版。

③ 加拿大联邦最高法院从加拿大不成文宪法和宪法史中总结出不成文的四大宪法原则，它们是联邦主义原则、民主原则、法治原则以及尊重少数人原则。

④ See Allen Buchanan, "A Secession and the Problem of its Legitimacy," in *Separatism* (this is a conference volume of Forum on War and Peace) (Florence: University of Florence, 1997).

⑤ See Matt Qvortrup, *A Comparative Study of Referendum* (Manchester: Manchester University Press, 2012), p. 1.

（三）苏格兰分离主义的研究现状

不论是国内还是国外学者，他们围绕苏格兰分离主义的研究大多是从政治学、社会学、公共管理学等角度展开的。其中，国外较有代表性的作品有牛津大学的本·杰克森（Ben Jackson）的《苏格兰独立研究之现代苏格兰民族主义政治思想形成史》（*The Case for Scottish Independence：A History of Nationalist Political Thought in Modern Scotland*）一书。[①] 该书从政治学角度将苏格兰分离主义追溯到 20 世纪 70 年代，认为苏格兰分离主义的形成主要是左派政治力量兴起造成。米歇尔·基廷（Michael Keating）的《苏格兰自治政府的独立和联合王国演变中的政治》（*The Independence of Scotland Self-government and the Shifting Politics of Union*）从社会学角度介绍了 1707 年联合在第二次世界大战之后开始松散的原因，作者将这些原因归结为经济上的、宪制上的、思想观念上的和外部环境上的几个方面。[②] 其中，宪制上的主要原因包括：其一，1707 年联合而成的国家的国家结构形式并非清晰的单一制，因而造成苏格兰人和英格兰人为英国到底是单一制、松散联盟还是联邦制而争执不休。其二，1998 年中央权力下放时间不当。其三，作为国家元首的女王在第二次世界大战后未能发挥本可以挖掘的强大的凝聚力。其四，第二次世界大战以来英帝国的解体、经济的衰退、北海油田的发现、英国加入欧盟等因素所导致的英国国家认同的下降。[③] 斯科特·格利（Scott L. Greer）的《民族主义和自治政府：苏格兰和加泰罗尼亚的自治政治》（*Nationalism and Self-Government*）从公共管理学角度介绍了苏格兰当前的自治地位是从 20 世纪六七十年代保守党政府中央集权式下演变而来的，还对比分析了 20 世纪 70 年代没有被公投通过的《1978 年苏格兰法》（*Scotland Act 1978*）和《1998 年苏格兰法》（*Scotland Act 1998*）在授予苏格兰的自治权的范围上的差异，结论是 1998 年英国中央对苏格兰的权力下放导致苏格兰日渐与英国中央相分离。此

① See Ben Jackson, *The Case for Scottish Independence：A History of Nationalist Political Thought in Modern Scotland* (Cambridge：Cambridge University Press, 2020).

② See Michael Keating, *The Independence of Scotland Self-government and the Shifting Politics of Union* (Oxford：Oxford University Press, 2009).

③ See Michael Keating, *The Independence of Scotland Self-government and the Shifting Politics of Union* (Oxford：Oxford University Press, 2009).

外，还有克里斯特菲·哈维（Christopher Harvie）的《苏格兰和民族主义：苏格兰社会和 1707 年以来的政治》（*Scotland and Nationalism: Scottish Society and Politics 1707 to the Present*）等作品。

国外从宪法学展开的苏格兰分离主义研究主要集中在两个问题上，一个是苏格兰与英国的宪法关系，另一个是英国全民公投的相关法律问题。

首先，关于苏格兰与英国的宪法关系。国内学界传统上将英国视为一个典型的单一制国家，并且是一个奉行议会至上的单一制国家，鲜有人关注苏格兰与英国的宪法关系的发展，尤其是 20 世纪 90 年代后的发展。事实上，苏格兰与英国的宪法关系自 20 世纪 90 年代以来的发展，使得英国学界和政界对英国还是不是单一制国家产生了巨大争议。第一派观点认为，英国自 1707 年英格兰王国和苏格兰王国联合起就是联邦制。其代表人物有苏格兰学者汤姆·奈恩（Tom Nairn）和大量的苏格兰分离主义者。① 第二派观点认为，英国是自《1998 年苏格兰法》之后变成联邦制的，且《2016 年苏格兰法》（*Scotland Act 2016*）中的"苏格兰议会是一个英国议会不能单一废除的永久议会"的规定进一步表明了英国的宪法性法律都已经承认英国是一个联邦。② 此派观点的代表人物有英国著名宪法学家韦农·波格丹诺。第三派观点认为，英国自 1707 年以来都是议会至上的单一制国家，1998 年的苏格兰议会的设立并不意味着英国单一制被打破，地方的自治权来自中央的授予，地方议会更不分享英国议会的主权。③ 第四派观点和第三派观点一样，也认为英国是一个单一制国家，而其理由是 1707 年苏格兰王国和英格兰王国合并，其实质是在英格兰议会的基础上加入少量的苏格兰议员，且使不列颠议会沿袭英格兰议会的传统和特质，包括英格兰议会的绝对主权特质。④ 如果按照第四派观点，我们可以推出这样一个结论，即 1999 年设立的苏格兰议会只是英国议会的从属机构，苏格兰议会的一切权力均来自英国议会。

---

① See Tom Nairn, *The Break-up of Britain: Crisis and Neo-nationalism* (Sydney: Common Ground Publishing Pty Ltd., 2003), p. 118.

② 参见〔英〕韦农·波格丹诺《新英国宪法》，李松锋译，法律出版社 2014 年版。

③ See Vernon Bogdanor, *Devolution in the United Kingdom* (Oxford: Oxford University Press, 2001), p. 293.

④ See Cannadine, G. M. Trevelyan, *A Life in History*, London, 1992, p. 109; G. N. Clark, *English History: A Survey*, Oxford, 1971.

　　其次，关于英国全民公投与代表制的关系、全民公投的类型、全民公投的效力等问题。国内尚无研究英国全民公投的专著。英国本土有不少研究全民公投的专著和论文。例如，戴雪在 19 世纪末写了一系列建议英国引入全民公投制度的论文，他的这组论文是英国学者对现代全民公投的最早研究。戴雪认为，英国宪法应该承认人民的权力，应该将全民公投引入英国的宪制中，理由是随着上议院权力越来越虚化、下议院权力越来越大，防止下议院做出违背民意的决议的唯一有效措施是全民公投。① 不过，在全民公投和代表制的关系上，戴雪强调代表制依然是国家的日常决策机制，全民公投不是常用的决策机制，而只是代表制的有益补充。② 戴雪还认为，为了防止全民公投制度被滥用，只能利用全民公投制度对议会的决议做否决，不能用来发起立法动议。③ 也就是说，戴雪赞同引入英国宪制的是公民投票中的公民复决，而不是人民动议和全民投票。从 1973 年以来，英国一共举行了 11 次全民公投，其中 2 次是全国性的全民公投，9 次是地区性的全民公投。英国的法律要求，北爱尔兰脱离联合王国之前、在英格兰设立任何地区性人民会议之前、授予威尔士国民会议一级立法权之前必须举行公投。全民公投已经成了英国宪法的重要组成部分，对此很少有人提出质疑。许多英国学者认为，一些根本性的重要问题如果只由议会做出裁决，那么这种裁决的正当性是不够的，因此提出还需通过全民公投来辅助、确保议会裁决的正当性。④ 但是，英国的公投是这些根本性的重要事务的决断环节吗？对于这一问题，学界尚处在争议中。有政府官员认为，如果全民公投事务超越了国家内部而与国外的主体发生关联，

---

① See A. V. Dicey, *Representative Government：The Comparative Study of Constitutions*（unpublished manuscript）（Oxford：Codrington Library of All Souls' College, 1900）, in Matt Qvortrup, "A. V. Dicey：The Referendum as the People's Veto," *History of Political Thought*, Vol. 20, No. 3, 1999, pp. 531 – 546.

② See A. V. Dicey, *Representative Government：The Comparative Study of Constitutions*（unpublished manuscript）（Oxford：Codrington Library of All Souls' College, 1900）, in Matt Qvortrup, "A. V. Dicey：The Referendum as the People's Veto," *History of Political Thought*, Vol. 20, No. 3, 1999, pp. 531 – 546.

③ See A. V. Dicey, "Ought Referendum to Be Introduced into England?" *Contemporary Review*, vol. 57, 1890, in Matt Qvortrup, "A. V. Dicey：The Referendum as the People's Veto," *History of Political Thought*, Vol. 20, No. 3, 1999, pp. 531 – 546.

④ 参见［英］韦农·波格丹诺《新英国宪法》，李松锋译，法律出版社 2014 年版，第 246 页。

议会就不具有至高的主权地位，有决定权的就只能是全国全民公投而不是英国议会。① 这种观点在当时就遭到了反对。② 2016 年，吉娜·米勒（Gina Miller）等人就特蕾莎·梅（Theresa May）启动脱欧程序的决定向英国高等法院提起诉讼。米勒等人认为，全民公投不具法律约束力；而英国政府认为，全民公投的结果具有决断力，英国民众既然已经通过全民公投授权政府处理脱欧事务，政府就不需再获得议会授权即可以展开脱欧程序。英国高等法院和英国最高法院都裁定英国政府在正式启动脱欧程序前须经议会批准。也就是说，英国高等法院和最高法院并不认为全国全民公投在英国是否脱欧这一事上是决断环节。

国内学界对苏格兰分离主义的研究基本集中从政治学和国际政治学角度展开。从政党政治角度研究苏格兰问题的专著有李冠杰的《危险的分权——新工党治下英国的权力下放进程（1997—2010）》和孙坚的博士学位论文《当代苏格兰民族问题研究：以苏格兰国民党的发展演变为主线》。③ 从国际政治和政党政治的角度研究苏格兰分离主义的学术期刊论文的代表性作品有胡莉的《政党政治动员与民族分离主义——苏格兰民族党在苏格兰分离态势形成中的作用》，许川的《权力下放与分离主义的内在逻辑——基于英国和西班牙五个地区的比较分析》《试析分离主义视角下的苏格兰公投——兼论台湾地区"独立公投"的非法性》《试析独立公投失败的主要影响因素——基于民调的分析》，夏庆宇、吴迎来的《英国、西班牙分离主义政党比较研究》，常晶、刘蓉的《独立公投后苏格兰地区政党政治的变化及其影响》，等等。从历史学尤其是英国史角度讨论这个问题的论文还没有出现，但有介绍 1707 年联合过程和联合后苏格兰詹姆斯党人武装起义的论文。从宪法学角度研究苏格兰分离主义的专著尚无，学术期刊论文也极少，其中较有代表性的期刊论文有屠凯的《西方单一制多民族国家的未来》《单一制国家特别行政区研究：以苏格兰、加泰罗尼亚和香港为例》，刘铁军的《分离主义下的政治运作——以苏格兰、加泰隆尼亚为例》，等等。这些文章多是分析英国、西班牙的地方权

---

① 参见［英］韦农·波格丹诺《新英国宪法》，李松锋译，法律出版社 2014 年版，第 241 页。

② 参见［英］韦农·波格丹诺《新英国宪法》，李松锋译，法律出版社 2014 年版，第 241 页。

③ 参见李冠杰《危险的分权——新工党治下英国的权力下放进程（1997—2010）》，上海人民出版社 2014 年版；孙坚《当代苏格兰民族问题研究：以苏格兰国民党的发展演变为主线》，博士学位论文，南京大学，2014 年。

的性质和限度，并没有分析苏格兰分离主义的宪制原因，更没有论及苏格兰分离公投的法律问题。许川的《试析分离主义视角下的苏格兰公投——兼论台湾地区的"独立公投"的非法性》一文提出，英国政府和苏格兰政府签订的《爱丁堡协议》是苏格兰公投的合法性来源，但全文并未论证这一法学观点。① 与之类似的，胡莉的《政党政治动员与民族分离主义——苏格兰民族党在苏格兰分离态势形成中的作用》认为，英国议会有权决定苏格兰分离公投能否举行，即苏格兰分离公投的合法性来源是英国议会的决议，而该文也并未论证这一法学观点。②

七、解释框架

本书借用的解释框架是政治宪法学（political constitution）。"政治宪法学是一种从政治的角度研究宪法的理论路径。"③ 根据政治宪法学，制宪权（又称"立宪权"，英文是 the constituent power）、宪法、宪制权（the constituted power）三者的关系为：制宪权就是创制宪法的权力，是一国的主权在对内部统治时的至高无上的权力。制宪权主体是拥有制宪权的主体④，也是主权者。它要么是君主，要么是人民。制宪权主体的意志不受任何钳制。当制宪权主体是君主时，国家即为君主制国家；当制宪权主体是人民时，国家即为民主制国家。制宪权主体往往委托一个机构来起草宪法，接受制宪权主体的委托而起草宪法的机关称为制宪机关。⑤ 制宪机关草拟的宪法经制宪权主体或其代表通过后便生效，只不过有些国家的

---

① 参见许川《试析分离主义视角下的苏格兰公投——兼论台湾地区"独立公投"的非法性》，载《台湾研究》2019 年第 2 期，第 58 页。

② 参见胡莉《政党政治动员与民族分离主义——苏格兰民族党在苏格兰分离态势形成中的作用》，见《国际政治研究》2020 年第 2 期，第 81 页。

③ 陈端洪：《宪法学研究中的政治逻辑》，见《中国宪法年刊》法律出版社 2012 版，第 196 页。

④ 制宪权全称是宪法制定权（the constituent power），也就是创制宪法的权力。主权是指国家作为独立的政治实体时拥有的权力，包括对外的独立权和对内的排他性的制宪权。正因为如此，"制宪权"一词常被学者们用于替代"主权"一词。参见《宪法学》编写组编《宪法学》（第二版），高等教育出版社、人民出版社 2021 年版，第 29 页。

⑤ 参见《宪法学》编写组编《宪法学》（第二版），高等教育出版社、人民出版社 2021 年版，第 29 – 31 页。

宪法是成文宪法，而有些国家的宪法是不成文宪法。① 以宪法为根本法和最高法律而建立起来的整套法律制度称为宪制。制宪机关制定宪法，一是为了创制在国家进入日常政治后负责国家治理的国家权力（又称"国家机关"），二是为了约束、规范国家权力。国家权力即为宪制权。

根据政治宪法学，在实行立宪民主的国家，政治分为日常政治和非常政治。所谓日常政治，指由于存在的制宪权处于隐退状态，国家由宪制权按照以宪法为最高法和根本法的法律规范体系治理的状态。所谓非常政治，是指制宪权（主体）出场直接做出决策、宪法遭到悬置、宪制权通通变成制宪权的辅助者的国家状态。国家处于日常政治时，政治宪法学上称之为"法治的状态"。国家处于非常政治时，政治宪法学上称之为"政治的状态"。立宪民主制本身就意味着纯粹民主制的后果得到了缓和，受规范制约的权限取代了直接的、绝对的人民意志，人民不得行使宪制权，因此，立宪民主国家就是处于日常政治的国家。然而，日常政治与非常政治之间依然存在转换机制，此转换机制即公投。然而公投毕竟是宪制的工具，人民的意志具有无限性和绝对性，而公投仅具有有限性和相对性。公投中出现人民意志的判断标准是什么呢？施米特在其专著《宪法学说》中提出，在立法过程中，得到了较大多数国民或压倒性多数国民认可的法案，就被视为得到了人民的喝彩。获得人民喝彩的立法行为就是人民立法，这种活动具有突破法治国规范框架的政治力量。②

---

① 成文宪法和不成文宪法是宪法学中对宪法的一种分类，其分类标准是宪法是否具有统一的法典形式。所谓宪法，是指由一个或几个规定国家根本制度和根本任务的宪法性法律文件所构成的宪法典。现代绝大多数国家的宪法是成文宪法。所谓不成文宪法，是指调整宪法关系的规范未被编纂成统一的宪法典，而是分散在多个具有法律效力的宪法性法律、宪法判例，以及仅具有政治影响力的宪法惯例之中的宪法。英国宪法是典型的不成文宪法，主要由宪法性法律、宪法判例和宪法惯例三部分组成。参见《宪法学》编写组编《宪法学》（第二版），高等教育出版社、人民出版社 2021 年版，第 23 页。

② 参见［德］卡尔·施米特《宪法学说》，刘锋译，上海人民出版社 2001 年版，第 279 页。

第一章　苏格兰分离主义的发展历程

苏格兰作为英国的一部分而存在始于 1707 年 5 月 1 日的英格兰王国和苏格兰王国的联合。在其后的 300 余年中，苏格兰内部先后涌现过三波分离主义。第一波苏格兰分离主义发生在联合初期，其标志性事件是 1713 年的苏格兰辉格党人在英国议会上议院提起的旨在废除 1707 年的《联合法案》议案。[①] 第二波苏格兰分离主义从 1715 年持续到 1745 年，其标志性事件是 1715 年詹姆士党人发动的武装叛乱和 1745 年查理·爱德华领导的武装叛乱。[②] 第三波苏格兰分离主义从 20 世纪 70 年代开始，其标志性事件是 1989 年苏格兰制宪会议的成立、2007 年主张苏格兰分离的苏格兰民族党在苏格兰议会选举中的当选，以及 2014 年举行的苏格兰分离公投。如今大部分学者谈论的苏格兰分离主义往往专指第三波，因此有的学者并不主张将苏格兰分离主义的历史追溯到 1707 年联合之初。为了全面了解英国和苏格兰之间的历史渊源和苏格兰分离主义的发展，本章依然从 1707 年联合开始介绍。

第一节　1707 年联合和 1801 年联合

1603 年，英格兰王国的女王伊丽莎白无嗣而终。根据英格兰王国当时的王位继承顺序，英格兰王国的王位由苏格兰王国的国王詹姆斯六世继

---

① 参见［英］A. V. 戴雪、R. S. 雷特《思索英格兰与苏格兰的联合》，戴鹏飞译，上海三联书店 2016 年版，第 237 - 238 页。

② 参见［德］伯恩哈德·迈尔《苏格兰史》，佟文斌、王舒惠、陈璐译，上海三联书店，2019 年版，第 78 - 79 页；钱乘旦、许洁明《英国通史》，上海社会科学院出版社 2007 年版，第 195 - 197 页。

承。在英格兰王国，苏格兰王国国王詹姆斯六世这个自然人被称为国王詹姆斯一世。也就是说，英格兰王国的国王和苏格兰王国的国王从此由同一个自然人担任，这便是历史上著名的"王位联合"（Union of Crowns）。"王位联合"从1603年詹姆斯一世兼六世产生时起，到1707年英格兰王国和苏格兰王国联合时止。

一、1707年联合前英格兰和苏格兰的"光荣革命"政制

在"王位联合"期间，英格兰王国和苏格兰王国的法律关系与"王位联合"之前并无差异，彼此之间是国际法上相互独立的主权单元。在"光荣革命"爆发之前的"王位联合"时期，英格兰王国和苏格兰王国在政制上都是封建君主制。此封建君主制是专制君主制而非立宪君主制。[①]从宪法学角度看，英格兰王国和苏格兰王国在"光荣革命"爆发之前都是君主制（即专制君主制）。换言之，在"光荣革命"之前，英格兰王国和苏格兰王国的制宪权主体是君主，君主能够对整个英格兰王国和整个苏格兰王国各自政治存在的类型和形式做出各自的具体的总决断。在宪制层面，英格兰王国和苏格兰王国各自的最高国家权力机关都是国王。[②]不过，在政治实践中，英格兰王国国王和苏格兰王国国王的权威强弱程度相差悬殊，前者强大而后者弱小。苏格兰王国的王权并未在整个苏格兰境内建立起强有力的主权权威。苏格兰王国全境地貌分为低地和高地（即高原地区），国王的专制权能在苏格兰低地有效实施，而在苏格兰高地部落，无论是国王的立法权还是司法权都总得不到有效执行。[③]苏格兰王国王权的软弱无力必然使苏格兰王国内部长期处于分裂状况，分裂状况又进一步加剧了国家的贫穷。

1688年，"光荣革命"在英格兰王国的爆发使英格兰王国的政体发生了根本性改变，英格兰王国从君主制转变为立宪君主制。这一转变就是指

---

① 参见姜守明、黄光耀、许洁明等《英国通史》第3卷，江苏人民出版社2016年版，第81页。

② 参见《牛津法律大辞典》，光明日报出版社1989年版，第13页。

③ 参见［英］A. V. 戴雪、R. S. 雷特《思索英格兰与苏格兰的联合》，戴鹏飞译，上海三联书店2016年版，第29页。

在制宪权层面，英格兰王国的制宪权主体从"君主"变为"君主和人民"。① 英格兰王国主权由君主和人民共掌的状态如果用一个公式表示，那就是"王在议会"。② 不仅如此，"王在议会"还成了英格兰王国制宪权主体的代表。在政体③层面，英格兰王国的最高国家权力机关从"国王"变为"王在议会"。④ "王在议会"是以立法的形式行使自己的最高国家权力，因此，"王在议会"还是英格兰王国的最高立法机关。借用戴雪在《英国宪法学导论》中对"王在议会"性质的概括，"光荣革命"后英格兰王国的"王在议会"是一个主权性立法机关。

英格兰王国的"光荣革命"于 1689 年波及苏格兰王国，并使苏格兰王国的制宪权主体、政体和宗教体制都发生了根本性改变。苏格兰王国的制宪权主体在"光荣革命"前是国王，在"光荣革命"后也转变为"苏格兰国王和苏格兰人民"，苏格兰国王和苏格兰人民二者合二为一、不可分割。苏格兰王国的制宪权主体的代表是"苏格兰国王和苏格兰议会"和"苏格兰长老会大会"，其中，苏格兰王国和苏格兰议会共同充当苏格兰人民在世俗事务上的制宪权代表，而苏格兰长老会大会则充当苏格兰人民在宗教事务上的制宪权代表。在政体上，苏格兰王国的议会从"光荣革命"前的苏格兰国王附属机构变成了独立于苏格兰国王和任何其他机关的最高立法机构，但它的立法权仅局限于世俗领域而不能踏足宗教领域，宗教领域的最高立法机构从"光荣革命"前的国王变成了苏格兰长老会大会。⑤ 也就是说，在政体上，苏格兰王国的最高权力机关由苏格兰王国国王、苏格兰王国议会和苏格兰长老会大会三者同时担任。世俗事务的最高立法权由苏格兰王国国王和苏格兰议会共同行使，其中，苏格兰王

---

① 参见陈端洪《制宪权与根本法》，中国法制出版社 2010 年版，第 12 页。

② 参见陈端洪《制宪权与根本法》，中国法制出版社 2010 年版，第 12 页。

③ 宪法是国家权力的来源，国家权力是根据宪法设定和运行的公权力。政体是国家政权组织形式的简称，是国家最主要的外在表现形态，是国家权力在横向上的具体表现。参见《宪法学》编写组《宪法学》（第二版），高等教育出版社、人民出版社 2021 年版，第 116 页。

④ "光荣革命"后，英国的政制确实是朝着一个固定的方向发展。"这就是王权逐渐受到限制而衰落，而议会的权力却节节上升，终于超过了王权，成为英国政治中掌握最高权力的机构。"参见王觉非主编《近代英国史》，南京大学出版社 1997 年版，第 184 – 185 页。

⑤ 关于"光荣革命"前后英格兰王国和苏格兰王国各自的宪制，戴雪和其学生雷特所著的《思索英格兰与苏格兰的联合》一书有详尽的介绍。参见［英］A. V. 戴雪、R. S. 雷特：《思索英格兰与苏格兰的联合》，戴鹏飞译，上海三联书店 2016 年版。

国议会行使世俗事务最高立法权的实质部分，而苏格兰王国国王仅行使形式部分，也就是说苏格兰王国国王对苏格兰王国议会通过的法案都会批准。而不但国王的特权要受法律的制约，而且国王的每一个决定都要合乎法律规范。[①] 在"光荣革命"之后，苏格兰王国国王还没出现过不批准苏格兰王国议会已经通过的法案的情形。宗教事务的最高立法权归苏格兰长老会大会，不论是苏格兰王国国王还是苏格兰王国议会都无权干预。

"光荣革命"令苏格兰王国和英格兰王国的差异缩小，并呈现如下政治制度共性：首先，英格兰王国和苏格兰王国都成了立宪君主制国家；其次，英格兰王国的最高立法权由英格兰王国的议会掌握，苏格兰王国的世俗事务最高立法权由苏格兰王国议会掌握。两个国家在政治制度上的这些趋同为 1707 年两国的联合清除了不少障碍。

然而，英格兰王国和苏格兰王国在宗教制度上的巨大差异不仅为 1707 年两国的联合制造了障碍，也为 20 世纪 70 年代兴起的苏格兰民族主义埋下了最坚实的文化种子。英国史学界众所周知的是，早在 16 世纪，英格兰王国和苏格兰王国就各自完成了宗教改革。英格兰王国的宗教改革是自上而下的，其改革的最大成果是建立了英格兰王国国教，且王权实现了对教权的凌驾。[②] 所谓国教，就是得到统治者和大部分臣民信仰和实践的宗教。英格兰王国的国教是天主教和新教两大教派妥协的产物，它在教义上奉行属于新教的安立甘宗，但在组织形式上实行主教制，主教制本是一种源自罗马天主教并主要用于罗马天主教的教会管理制度，而在宗教仪式上融合了罗马天主教元素和新教元素。[③] "光荣革命"后，英格兰王国国教有两方面的变化：一方面，英格兰王国国教已有的权利和特权得到一定程度的加强；另一方面，新推出的"宗教宽容"政策为非国教信徒打

---

① 参见［英］肯尼迪·O.摩根主编《牛津英国通史》，王觉非等译，商务印书馆 1993 年版，第 328 页。

② 参见姜守明、黄光耀、许洁明等《英国通史》第 3 卷，江苏人民出版社 2016 年版，第 59－60 页。

③ 参见李丽颖《英格兰、苏格兰合并过程中的宗教问题》，载《世界宗教研究》2011 年第 2 期；杨琨、陈晓律《18 世纪上半叶苏格兰詹姆斯党叛乱及其后果》，见《英国研究》，南京大学出版社 2009 年版，第 38－70 页；［德］伯恩哈德·迈尔《苏格兰史》，佟文斌、王舒惠、陈璐译，上海三联书店 2019 年版，第 63－68 页。

开了生存和发展空间。① 苏格兰的宗教则根据苏格兰内部不同地区而变化，苏格兰高地居住着近 30 个氏族部落，这些氏族部落绝大多数在教义上信奉新教，在组织形式上又采取主教制度，因此苏格兰高地群众的宗教信仰与英格兰王国的国教极其接近。而苏格兰低地上的居民绝大多数是苏格兰人，自 1560 年著名的约翰·诺斯克（John Knox）领导的宗教改革以来，苏格兰低地的民众都信奉长老派。长老派是在教义上属于新教的加尔文派、在组织形式上实行长老会制的一种宗教教派。② 总而言之，英格兰王国和苏格兰王国的宗教制度差异不仅表现在教义上，还表现在宗教组织形式上。

二、1707 年联合

在 1707 年联合之前，英格兰王国和苏格兰王国在 1603 年到 1706 年的 103 年期间有过 6 次联合尝试，按时间先后顺序依次是：1603 年詹姆斯一世兼六世发起的联合尝试③、1650 年克伦威尔统治下的强制联合④、1660 年查理二世复辟后发起的联合尝试、1667 年英格兰王国议会和苏格兰王国议会共同发起的联合尝试、1689 年光荣革命后威廉和玛丽登基之前由苏格兰王国议会和英格兰王国议会共同发起的联合尝试，以及 1702 年苏格兰王国达里安殖民项目彻底失败导致苏格兰王国政府破产而由苏格兰王国议会发起的联合尝试。⑤ 这 6 次联合尝试中，只有克伦威尔统治下的强制联合真正让英格兰王国和苏格兰王国在政治上统一并实现两个王国的议会合并，其他的 5 次联合尝试都在谈判阶段就告失败。大概是由于克伦威尔统治下的英格兰王国和苏格兰王国的联合是英格兰王国武力征服苏

---

① 参见［英］肯尼迪·O.摩根主编《牛津英国通史》，王觉非等译，商务印书馆 1993 年版，第 303 页；钱乘旦、许洁明《英国通史》，上海社会科学院出版社 2007 年版，第 185 页。

② 详情参见杨琨、陈晓律《18 世纪上半叶苏格兰詹姆斯党叛乱及其后果》，载《英国研究》，南京大学出版社 2009 年版。

③ 参见［英］肯尼迪·O.摩根主编《牛津英国通史》，王觉非等译，商务印书馆 1993 年版，第 329 页。

④ 参见钱乘旦、许洁明《英国通史》，上海社会科学院出版社 2007 年版，第 166 页。

⑤ 这 6 次联合的详情参见姜守明、黄光耀、许洁明《英国通史》第 3 卷，江苏人民出版社 2016 年版；［英］A.V.戴雪、R.S.雷特《思索英格兰与苏格兰的联合》，戴鹏飞译，上海三联书店 2016 年版。

格兰王国的结果，英格兰王国和苏格兰王国在克伦威尔时期的联合不常被人提起。英格兰王国和苏格兰王国的这6次联合谈判几乎次次都涵盖了以下6个议题：（1）是否搞议会联合；（2）议会联合下，苏格兰在威斯敏斯特议会可以获得多少个议席；（3）苏格兰能否分享英格兰的海外殖民贸易权；（4）宗教是否统一；（5）苏格兰和英格兰的法律体系是否统一；（6）联合之后国王的地位和权力。可以说，这些议题是英格兰王国和苏格兰王国在整个17世纪联合中最重要的议题。1707年联合是全球史上的一个里程碑事件，因为这两个国家不是通过武力而是通过和平的方式实现了统一。不过，这样的统一来之不易，是在英格兰王国和苏格兰王国没有硝烟的殊死斗争后才出现的。这些斗争在法律上表现为如下过程。

1700年7月30日，英格兰王国王位继承人和苏格兰王国王位继承人安妮公主最后一个幸存下来的孩子也夭折了，这意味着英格兰王国失去了1689年《权利法案》（*An Act Declaring the Rights and Libertis of the Subject and Settling the Succession of the Crown*，1689）安排的法定王位继承人。为了捍卫"光荣革命"建立的立宪君主制，1701年，英格兰王国议会通过《王位继承法》（*An Act for Further Limitation of the Crown，and Better Securing the Rights and Liberties of the Subject*，1701），该法规定英格兰王国的王位由索菲亚公主及其新教子嗣继承。① 《王位继承法》刺激了苏格兰王国。② 1702年，苏格兰王国政府因实施达里安殖民项目失败而出现债务危机，又因王国连年农业歉收而陷入困境，于是苏格兰王国议会主动向英格兰王国议会提出英格兰王国议会和苏格兰王国议会联合。但苏格兰王国的这一提议被英格兰王国拒绝。1703年，苏格兰王国议会先后通过《安全和王位继承法》（*Act of Security*，1703）、《战争与和平法》（*Act Anent Peace and War*，1703）、《酒法》（*Wine Act*，1703）和《羊毛法》（*Wool Act*，1703），这些法案严重触及了英格兰王国的根本利益。首先，1703年的《安全和王位继承法》明确规定，在安妮女王去世后苏格兰王国的王位继承人与英格兰王国的王位继承人不得一致。其次，1703年的《战争与和平法》明确规定，苏格兰王国在外交政策上将不再与英格兰王国保持一致且不再受英格兰王国的影响。再次，1703年的《酒法》和《羊毛

---

① 参见钱乘旦、许洁明《英国通史》，上海社会科学院出版社2007年版，第185页。

② 参见钱乘旦、许洁明《英国通史》，上海社会科学院出版社2007年版，第195页。

法》明确规定，在外贸上，苏格兰王国将与当时正与英格兰王国交战的法国展开酒类和羊毛类的贸易。① 1705 年，英格兰王国议会出台的《外国人法案》（Alien Act，1705）给了苏格兰王国致命打击。因为根据该法案和 1651 年的《航海条例》（An Navigation Act，1651），苏格兰人被列入了英格兰王国的贸易禁运名单。② 与此同时，该法案的出台意味着，苏格兰王国贵族在英格兰王国境内的财产将被英格兰王国政府视同敌对国国民的财产并进而没收。1603 年"王朝联合"以来，詹姆斯六世兼一世就从爱丁堡搬到了伦敦，且在伦敦度过了其余下的统治期的绝大多数时间。③ 跟随其搬到英格兰王国的苏格兰人不少，这些苏格兰人在英格兰王国境内置业、投资、工作和生活，而且他们中绝大部分是苏格兰王国的贵族。苏格兰王国的臣民抱怨自从"王朝联合"后，他们的国王就将整个苏格兰王国的政府都搬到伦敦办公了。④ 詹姆斯六世兼一世搬到伦敦后从英格兰普通法院争取到了一项判决，根据该判决，凡是出生在英格兰王国的苏格兰人均被视为生而效忠英格兰王国国王的臣民。⑤ 这就是说，凡是出生在英格兰王国的苏格兰人，即使其父母不是英格兰王国的臣民，也会因为出生地主义而拥有英格兰王国的臣民身份，其在英格兰王国境内的财产权和其他英格兰王国臣民在英格兰王国境内的财产权受到平等保护。从 1603 年到 1705 年，经过一百多年，苏格兰王国的贵族在英格兰王国境内拥有大量财富。一旦英格兰王国的《外国人法案》实施，这些掌控着苏格兰王国政权的苏格兰贵族们无疑将遭受重大的个人财产损失。然而不管过程怎样艰难，1707 年联合最后还是实现了。

---

① 详情请参阅李丽颖《英格兰、苏格兰合并过程中的宗教问题》，载《世界宗教研究》2011 年第 2 期；杨琨、陈晓律《18 世纪上半叶苏格兰詹姆斯党叛乱及其后果》，载《英国研究》2009 年；钱乘旦、许洁明《英国通史》，上海社会科学院出版社 2007 年版，第 195 – 198 页；［英］A. V. 戴雪、R. S. 雷特：《思索英格兰与苏格兰的联合》，戴鹏飞译，上海三联书店 2016 年版。

② 参见钱乘旦、许洁明《英国通史》，上海社会科学院出版社 2007 年版，第 195 页。

③ 参见钱乘旦、许洁明《英国通史》，上海社会科学出版社 2007 年版，第 143 页。

④ 参见［英］肯尼迪·O. 摩根主编《牛津英国通史》，王觉非等译，商务印书馆 1993 年版。

⑤ 参见［英］A. V. 戴雪、R. S. 雷特《思索英格兰与苏格兰的联合》，戴鹏飞译，上海三联书店 2016 年版，第 138 – 140 页。

三、1801 年联合

1541 年，新教徒占主导地位的爱尔兰王国议会宣布，英格兰王国的国王为爱尔兰王国的国王。自此开始，直到 1707 年联合之前，英格兰王国与爱尔兰王国形成共主邦联。所谓共主邦联就是国际法上的身合国。身合国也就是指两个或两个以上的主权国家而且是两个或两个以上的国际人格者由于共戴一个君主的偶然事实而联系起来时的状态，身合国不是一个国际人格者，并且在任何一点上都不能被视为一个国际人格者，且主权成员国在身合国中也依然是国际人格者。① 在理论上，身合国内的主权成员国可以彼此作战，身合国自身没有使节，但身合国的成员国可以共用一个使节。②

1707 年英格兰王国和苏格兰王国联合为大不列颠王国后，英格兰王国不复存在。当一个国际人格者本身发生某些情况的变动时，此国际人格者的行为结果由一个或多个国际人格者所承受，这时就发生了国际人格者的继承。当一个国际人格者由于灭亡或自愿完全并入另一个国际人格者时，这另一个国际人格者对前国际人格者发生全部继承。根据 1707 年的《联合法案》关于"苏格兰王国和英格兰王国各自的法律凡是与该联合法案不一致或相抵触的，则自动失效，否则继续有效"的规定，英格兰王国国王的权利和苏格兰王国国王的权利全部被大不列颠王国国王所继承。由于 1707 年联合前爱尔兰王国和英格兰王国是共主邦联，而 1707 年联合后英格兰王国的权利被大不列颠王国继承，因此，从 1707 年联合时起到 1801 年联合之前的这个阶段，爱尔兰王国与大不列颠王国是共主邦联。

1800 年 7 月 2 日，大不列颠王国与爱尔兰王国通过联合法案，此法案于 1801 年 1 月 1 日起生效。这就是历史上有名的"1801 年联合"。这次联合使爱尔兰王国和大不列颠王国这两个相互独立的主权国家统一为一个名为"大不列颠与爱尔兰联合王国"的独立主权国家。苏格兰在 1801

---

① 参见［英］劳特派特修订《奥本海国际法》上卷第一分册，石蒂、陈健译，商务印书馆 1971 年版，第 134 页。

② 参见［英］劳特派特修订《奥本海国际法》上卷第一分册，石蒂、陈健译，商务印书馆 1971 年版，第 134 页。

年联合中的宪法地位和 1707 年联合时的一致，且苏格兰派往大不列颠议会的上、下两院议员的人数和 1707 年联合法案规定的也一致。

第二节　苏格兰分离主义的萌芽

1707 年联合让苏格兰成了英国的一部分。1707 年联合以来，英国人便持续地缺乏国家（state）观念。在这一点上，英国与欧洲大陆的法国、德国有较大的不同。随着英国国家权力的扩张，英国中央政府的职权也相应增加了，英国中央政府也开始有意识地进行现代国家的建构。这意味着英国中央政府必定会改变 1707 年联合时定下的一些在其看来不合时宜的规则，而这些规则却是关乎苏格兰切身利益的。这注定了苏格兰开始产生持续反抗英国中央政府的力量——苏格兰分离主义。

一、苏格兰人对英国政府愤愤不平

1707 年联合后，根据 1707 年的《联合法案》第 22 条①，大不列颠议会的上议院只给苏格兰贵族留了 16 个议席，大不列颠议会的下议院只给苏格兰留了 45 个议席，这 45 个下议院议席只能由苏格兰市镇和郡议员代表出席。相比之下，英格兰王国的议会上议院的全部议员直接转为大不列颠议会的上议院议员，英格兰王国的议会下议院的全部议员直接转为大不列颠议会的下议院议员。1801 年联合后，苏格兰能选派到大不列颠议会的议员的数额依然是 16 名贵族议员和 45 名下议员，而爱尔兰能选派到大不列颠议会的议员的数额是 32 名贵族议员和 100 名下议员。苏格兰在大不列颠议会的代表数额和代表比例大大低于爱尔兰在大不列颠议会的代表数额和代表比例，这让苏格兰人愤愤不平。

更令苏格兰人感到愤愤不平的是，在整个 19 世纪里，苏格兰在人口和财政方面的贡献都比爱尔兰的多，而苏格兰事务得到大不列颠议会的关注度却不如爱尔兰事务得到的多。在整个 18 世纪，大不列颠王国英格兰的议员和大臣对苏格兰事务表现得既陌生又冷漠，其议会和政府遇到苏格

---

①　此条在 1832 年被议会改革法废除。

兰问题时一般是交给苏格兰成员来应对。爱尔兰王国与大不列颠联合王国通过《1800 年联合法案》[Act of Union (Ireland) 1800] 联合为一个国家后，爱尔兰则不再由爱尔兰自己的议会管辖，而是由位于伦敦的不列颠议会直接管辖。苏格兰地方自治协会在 1890 年就指出，英国议会没有给予苏格兰和爱尔兰同等对待。

总而言之，苏格兰人认为仅从立法方面看，他们的民族利益和机构在不列颠国家层面没有得到公正、合适的对待，这体现在三处：第一，苏格兰人在英国议会的代表偏少；第二，苏格兰的地方事务在伦敦议会中经常被忽视，涉及苏格兰的立法不会被赋予优先权；第三，相较涉及英格兰和爱尔兰的法案，苏格兰的立法经常缺乏足够的议会时间。在 18 世纪的大部分时间内，不列颠议会中涉及苏格兰的议会立法占比非常小。有苏格兰议员抱怨："最好的情况也只是有限的时间用于苏格兰（议案），相关的辩论是极少的，因此，大不列颠议会无法对议案进行合适的检查，对财政事务更是严重缺乏审查。"[①]

到 1832 年英国议会改革运动时，为了解决苏格兰人的抱怨，大不列颠议会中不少英格兰议员提议设立苏格兰议会。但是筹建苏格兰议会的议案被拖延。有人说是英格兰议员的漠视导致了设立苏格兰议会的议案被拖延。然而，这样的评论对英格兰人是不够公正的。1832 年筹建苏格兰议会的议案被拖延的深层次原因是：第一，苏格兰内部对一些重要议案存在意见分歧，大不列颠议会通常是等苏格兰议员间达成基本共识后才会审议并通过直接关于苏格兰的议案。[②] 第二，英国政府也担心在苏格兰实施的某些政策会对联合王国其他地区产生不良影响，故而放缓苏格兰地方自治的实施进程。

① See I. G. C. Hutchison, "Anglo-Scottish Political Relations in the Nineteenth Century, c. 1815 – 1914," in T. C. Smout, *Anglo-Scottish Relations from 1603 – 1900* (Oxford: Oxford University Press, 2005), p.256.

② Anthony Cooke, Ian Donnanchie, Ann Macsween, et al., *Modern Scottish History 1707 to the Present*, *Volume I: The Transformation of Scotland 1707 – 1850* (Edinburg: Tuckwell Press, 2001), p.43.

二、苏格兰产生了分离主义

1707 年联合之后，苏格兰贵族把自己的子女送到英格兰公立学校或在苏格兰建立的按照英格兰公立学校的模式运营的那类学校，让小孩学习纯正的英格兰口音和举止。这些苏格兰贵族想融入英国统治阶层，却不想使自己和自己民族的人民生分。在 19 世纪，苏格兰人觉得自己低英格兰人一等。一些学者［包括大卫·休谟（David Hume）］移居英格兰后还试图掩饰他们说英语时的苏格兰口音。在 19 世纪，英国当局创造了一个让苏格兰人和爱尔兰人都感到自己低英格兰人一等的词——"北大不列颠"（North Britain）。直到第一次世界大战期间，英国的政治领导人用"英格兰"一词代替"大不列颠"的现象仍非常常见，首相索尔兹伯里伯爵还常因使用"英格兰"代替"大不列颠"而受到民众批评。直到 20 世纪 60 年代，英国的政治领导人才开始学着避免用这样的方式冒犯苏格兰人。但是政治场合长久的不恰当用词致使苏格兰发展起了自己的"双重认同"，即苏格兰人认为自己既是苏格兰人也是英国人，而英格兰人既不是苏格兰人也不是英国人，进而出现了苏格兰和英格兰在身份认同上的分裂之象。

18 世纪至 19 世纪，苏格兰上层阶级英格兰化比较明显，社会上担心苏格兰被英格兰同化的声音再次出现。英格兰或许本无意同化苏格兰，苏格兰亦存在大量的独特之处，但一些苏格兰人担心与英格兰同步会被同化，提出建立苏格兰地方议会、恢复苏格兰的民主。[①] 1853 年，一个名为"维护苏格兰权利民族协会"（National Association for the Vindication of Scottish Rights）的组织成立，该组织成员既有激进的也有浪漫的，吸引了大量对现实不满的苏格兰人的注意。维护苏格兰权利民族协会要求恢复于 1708 年废除的苏格兰枢密院、于 1747 年废除的苏格兰政务秘书等机构，希望把联合王国称为"大不列颠"而不是"英格兰"。该协会并不是要求终止英格兰议会和苏格兰议会的联合，而是希望改进议会联合。[②] 至于怎

---

① See T. M. Devine, *The Scottish Nation：A History 1700－2000*（New York：Viking, 1999），p. 287.

② See T. M. Devine, *The Scottish Nation：A History 1700－2000*（New York：Viking, 1999），p. 287.

样改进议会联合，维护苏格兰权利民族协会并没有清晰的思路。1856 年克里米亚战争爆发，由于不列颠外敌再现，不列颠各个地区又凝聚到了一起，维护苏格兰权利民族协会随之解散。从 19 世纪 70 年代开始，英国实行全国统一的标准化社会服务，一些苏格兰地方部门职能被收归中央。一些极端激进派别者认为苏格兰成了英格兰的殖民地，要饱受英格兰压榨。他们主张废弃联合、恢复苏格兰议会、建立独立的苏格兰共和国。① 虽然这些极端的激进主义者占苏格兰人的比例非常小，但它标志着第四波苏格兰分离主义的萌芽。

然而，19 世纪中期的苏格兰分离主义的萌芽由于时机不当很快就被苏格兰人自行铲除了。1886 年之前，绝大部分苏格兰人不赞同建立苏格兰地方议会：他们担心建立地方议会不仅耗费资源、增加冗员、造成不必要的浪费，还会抑制帝国的经济发展与自由贸易，甚至可能使苏格兰和英格兰的关系难以调和；他们希望中央政府能优化对苏格兰的管理；他们认为苏格兰的诉求可以通过英国议会的常设机构得到满足，没必要建立苏格兰议会。② 1885 年，英国政府又设立了专门负责苏格兰事务的国务委员。苏格兰事务国务委员逐渐接管苏格兰内部事务的管理工作。苏格兰事务国务委员架起了苏格兰和英国之间的一座桥梁：在苏格兰，苏格兰事务国务委员代表英国政府；在英国政府，苏格兰事务国务委员代表苏格兰。苏格兰事务国务委员的设立意味着自 1707 年以来苏格兰内部的高度自治一去不复返。

19 世纪中期，爱尔兰地区爆发了自治运动，再度点燃了苏格兰民族主义者和苏格兰分离主义者各自的政治追求。③ 1845—1852 年，爱尔兰地区暴发大饥荒。这次饥荒让爱尔兰地区的人口锐减了四分之一，有直接被饿死的，有因为饥荒而移民美国的。英国政府在爱尔兰大饥荒中的不当处

---

① See Michael Keating and David Bleiman, *Labor and Scottish Nationalism* (London and Basingstoke: Macmillan Press Ltd., 1979), p. 27.

② See H. J. Hanham, *Scottish Nationalism* (Cambridge and Massachusetts: Harvard University Press, 1969), p. 91.

③ I. G. C. Hutchison, "Anglo-Scottish Political Relations in the Nineteenth Century, c. 1815 – 1914," in T. C. Smout, et al., *Anglo-Scottish Relations from 1603 – 1900* (Oxford and New York: Oxford University Press, 2005), p. 264.

置，使其大失爱尔兰民心，也让爱尔兰民族主义觉醒。[①] 1868 年，英国自由党领袖格拉斯通第一次上台组阁，他同情爱尔兰人，施行改善爱尔兰人境遇的政策，虽然政策并不成功，但推动了爱尔兰自治运动的发展。1870年，爱尔兰自治党成立，随后获得越来越多的议席；1885 年，爱尔兰自治党所掌控的议席多到可以成为决定议会斗争胜负的平衡手。[②] 19 世纪下半叶，苏格兰民族主义者中的激进分子也开始要求苏格兰全面自治，并最终使苏格兰地方自治成为苏格兰的重要公共议题。然而，当时几度执政的英国自由党的自治策略一直是以爱尔兰自治为中心，英国自由党对苏格兰及威尔士的自治许诺也只是为了解决爱尔兰问题而创造出一种更宽松的政治环境。除了空泛的"全面自治"及英国政体的联邦化，自由党的领导层因担心爱尔兰自治出现异常后苏格兰的自治问题被搁置，并没有为苏格兰地区的自治提供更多的具体方案或运行方式。虽然苏格兰没有得到类似于爱尔兰的宪法"待遇"，但是苏格兰分离主义已经在这波寻求苏格兰完全自治的运动中萌发了。

第三节　爱尔兰自治运动对苏格兰分离主义的激发

英格兰王国和苏格兰王国联合（以下简称"英苏联合"）拥有一套复杂的制度和实践。对其的研究需要将其放在英国非正式和非成文的宪法中进行。英国也有国家建构和民族建构，但力度有限且只是在局部进行。世界上有那么多的多民族国家，英国之所以特殊，是因为它发展出了这样一套联合主义的原则和实践——既承认民族多样性，又承认政治统一性。把这一对相互矛盾的原则（民族多样性原则和政治统一原则）调和起来可不是件容易的事，联合王国有时候政治统一性很强，有时候内部的苏格兰等地区的民族主义旺盛。在联合早期，苏格兰人很不喜欢英国强调政治统一性，当时绝大多数苏格兰人的生活并未发生变化，苏格兰民众对英国议会公然违反 1707 年的《联合法案》的做法怨气满天，比如恢复苏格兰长

---

① 参见吴瑞、顾复《格莱斯顿与爱尔兰问题》，载《史学月刊》1995 年第 2 期，第 64 页。
② 例如，1885 年议会选举中自由党险胜，只比保守党多 86 席，而爱尔兰自治党恰好拥有86 席，倘若他们倒向保守党，则胜负必将颠倒。

老会的赞助人制度，再比如废除 1707 年的《联合法案》明文保留的可继承的司法权。1715 年和 1745 年，詹姆斯二世余党发动叛乱、挑战联合，尽管他们本可以在苏格兰集结更多长老会信众来支持自己的叛乱。到 18 世纪末，民众对英苏联合的支持似乎已经非常牢固了，苏格兰地区的知识精英阶层中也没有人否认英苏联合给苏格兰带来的利益了。但是，爱尔兰自治运动却一直在鼓励着苏格兰内部的分离势力。在苏格兰分离主义的发展中，爱尔兰自治运动可谓催化剂。

一、爱尔兰实现完全自治

1858 年，旨在让爱尔兰从英国独立出来的极端秘密团体——爱尔兰共和兄弟会（Irish Republican Brotherhood）在美国成立。19 世纪末，在实力强大的美籍爱尔兰人组织"盖尔族人"的资助下，爱尔兰共和兄弟会实现改组并不断壮大。但是，到第一次世界大战爆发前夕，爱尔兰共和兄弟会的规模一直很小。与此同时，其他若干规模不大的爱尔兰民族主义团体也发展了起来。这些团体在 1905 年被阿瑟·格里菲思（Arthur Griffith）组建为著名的新芬党（Sinn Fein）。新芬党自成立起就鼓吹拒绝承认英国制度、实行双重君主国制度。① 1913 年 11 月，实际上由爱尔兰共和兄弟会暗中操纵的"爱尔兰志愿军"（The Irish Volunteer）成立。1913 年底，都柏林电车工人、运输工人和杂物工人等工会的成员组成"爱尔兰公民军"。这些战斗人员即使在第一次世界大战爆发后也依然保持着训练和建制。到 1914 年第一次世界大战爆发时，"爱尔兰志愿军"的人数已经多达 18 万。

在 19 世纪中期，伴随着英国宪章运动，爱尔兰地区要求自治的呼声日渐强烈。从 1886 年到 1914 年，英国内阁三度提出爱尔兰自治法案草案，分别是 1886 年的《爱尔兰地方自治法案草案》[*An Act for Irish Home Rule（Draft），1886*]、1892 年的《爱尔兰地方自治法案草案》[*An Act for Irish Home Rule（Draft），1892*]和 1914 年的《爱尔兰地方自治法案草案》[*An Act for Irish Home Rule（Draft），1914*]。其中，1886 年的《爱尔兰地

---

① 参见［英］W. N. 梅德利科特《英国现代史：1914—1964》，张毓文、刘礼生、宁静译，商务印书馆 1990 年版，第 40 页。

方自治法案草案》提出爱尔兰将组建自己的议会和内阁，但爱尔兰的外交权、军事和关税仍受英国控制。1886 年和 1892 年的爱尔兰地方自治法案草案不仅在内容上没有本质区别，而且均因遭到议会的反对而没能生效。1914 年的《爱尔兰地方自治法案草案》得到了英国议会的批准而成了正式法令。值得一提的是，该法案的通过过程非常曲折。1914 年的《爱尔兰地方自治法案草案》先在英国议会下院经二读通过，但遭到英国议会上院否决；英国议会下院对之三读时坚持予以通过并呈交给国王，国王也予以通过。由于第一次世界大战的爆发，就在 1914 年的《爱尔兰地方自治法案》（An Act for Irish Home Rule，1914）获得通过的这一天，英国议会专门通过一部中止 1914 年《爱尔兰地方自治法案》实施的《中止法案》。① 根据 1914 年的《爱尔兰地方自治法案》，爱尔兰可建两院制的议会，爱尔兰议会上议员由国王任命，爱尔兰议会下议员按选举法产生，爱尔兰议会无权处理对外关系、征收税款、支配土地、管理警察和军队等事宜。爱尔兰的行政权仍然在受英国政府任命的爱尔兰总督手中。爱尔兰有权选派 42 名议员进入威斯敏斯特帝国议会。但威斯敏斯特帝国议会掌管整个爱尔兰的外交、武装力量、战争与和平、对外贸易、关税和国内货物税以及爱尔兰的一般对外关系。虽然 1914 年的《爱尔兰地方自治法案》被中止，且经过埃利班克勋爵莫里 1914 年 7 月的调停，英国内阁同意爱尔兰实行地方自治，但决定通过公民投票把北爱尔兰地区排除在外。就在这时，第一次世界大战爆发，英国参战了。

当英国参加第一次世界大战时，爱尔兰分离主义者在积极行动。在 1914—1915 年的冬天，爱尔兰共和兄弟会的"要让爱尔兰独立"的观点得到大力宣传，同时，"爱尔兰志愿军"一边举行游行示威，一边秘密制造炸药，而在美国的"盖尔族人"则出资购买武器。② 1915 年，英国保守党人占据英国内阁的大部分席位，他们一方面反对爱尔兰地方自治，使 1914 年的《爱尔兰地方自治法案》继续被中止；另一方面又没有采取措施阻止爱尔兰街头的游行示威、反战宣传和其他极端主义活动。爱尔兰共

---

① 参见［英］A. V. 戴雪《英国宪法研究导论》，何永红译，商务印书馆 2020 年版，第 11－12 页。

② 参见［英］W. N. 梅德利科特《英国现代史：1914—1964》，张毓文、刘礼生、宁静译，商务印书馆 1990 年版，第 42 页。

和兄弟会在 1916 年复活节起义。该起义被爱尔兰政府和警察的迅速行动粉碎，一百多名英国士兵和四百多名爱尔兰人在双方的枪战中被击毙。[①]被英军俘虏的"叛乱分子"遭到了爱尔兰人的唾骂。英国军事法庭判处15 名"叛乱分子"死刑，这一判决遭到了伦敦报界和英国议会下议院一些议员的抗议。尽管首相下令停止执行死刑，可等首相亲自赶到都柏林时，那些被判死刑的"叛乱分子"已经被处决。[②] 这一事件使爱尔兰民族主义事业中有了殉难的烈士，因此，爱尔兰民族主义和分离主义仿佛是一堆浇了汽油的火堆，燃烧得更加旺盛了。这次复活节起义后，英国政府一面在爱尔兰实行能打击爱尔兰民族主义和分离主义的征兵制，一面与爱尔兰议会就爱尔兰自治问题展开谈判。[③] 英国政府的条件是爱尔兰的地方自治要在大英帝国的主权之下。但是，这一条件显然已经不能吸引爱尔兰人。

在 1918 年的选举中，80% 的选民支持为爱尔兰独立而有过殉难者的新芬党。这使新芬党在爱尔兰议会中成为压倒性力量。[④] 1919 年 1 月 21日，106 名爱尔兰议员中有 37 人在都柏林举行会议，宣布爱尔兰共和国成立，要求英国撤出驻守在爱尔兰地区的守备军。除了这 37 名议员，还有 34 名支持爱尔兰独立的议员仍在狱中。爱尔兰人的独立宣告就是对英的宣战。同日，爱尔兰志愿军开枪打死押运供采石用的炸药的两名英国警察，夺取了炸药。英国警察和英国驻爱尔兰军队竭力自卫并反击，但收效甚微，爱尔兰志愿军顺势转为爱尔兰共和军（Irish Republican Army）。爱尔兰分离主义者一方面搞恐怖活动，以此恐吓那些帮助英国政府的爱尔兰平民；另一方面发展特务、间谍和告密者，并向他们支付津贴。爱尔兰分离主义者得到了美国政府的支持。1919 年，美国国会通过决议表示同情"爱尔兰的自治要求"和"爱尔兰人民自己选择政府的愿望"。[⑤] 1919 年

---

① 参见高岱《劳合乔治与爱尔兰问题的发展》，载《史学月刊》1990 年第 4 期，第 99 页。
② 参见 ［英］W. N. 梅德利科特《英国现代史：1914—1964》，张毓文、刘礼生、宁静译，商务印书馆 1990 年版，第 44 页。
③ 参见高岱《劳合乔治与爱尔兰问题的发展》，载《史学月刊》1990 年第 4 期，第 101 页。
④ 参见 ［英］W. N. 梅德利科特《英国现代史：1914—1964》，张毓文、刘礼生、宁静译，商务印书馆 1990 年版，第 167 页。
⑤ 参见 ［英］W. N. 梅德利科特《英国现代史：1914—1964》，张毓文、刘礼生、宁静译，商务印书馆 1990 年版，第 166 页。

10 月 27 日，支持爱尔兰独立的爱尔兰议员阿瑟·格里菲思在爱尔兰议会公开说："英国的对策是对我们在美国活动的极大帮助，而目前美国正是政治局势的重心所在。"[①]

此后，爱尔兰共和军的活动力度更大了。1919 年 12 月，英国政府向爱尔兰共和党提出《爱尔兰地方自治法案草案》[*An Act for Irish Home Rule (Draft)*, 1921]。该草案规定成立两个爱尔兰议会，一个设在都柏林，另一个设在贝尔法斯特，两个议会在组织法上参照 1914 年的《爱尔兰地方自治法案》；此外，该法案还规定成立一个由两个爱尔兰议会的代表组成的处理共同关心的事务的"爱尔兰参议院"。但是，爱尔兰共和党于 1920 年初轻蔑地拒绝了英国政府开出的自治方案。[②] 在英国政府与爱尔兰分离主义政党——爱尔兰共和党就新自治法展开艰苦卓绝的谈判的同时，爱尔兰共和军与由英国军队扮演而成的民兵以战斗的方式一决雌雄。爱尔兰共和军不停地搞暗杀，在政府机关和兵营纵火、打伏击，处决与英国当局合作的爱尔兰平民。1920 年 4 月，英国内阁任命新的爱尔兰事务大臣，招募了由退伍军人组成的爱尔兰皇家警察辅警队以对爱尔兰共和军进行剿灭。到 1920 年 12 月，在爱尔兰共和军弹药配备方面落后且数量不足、英国政府抛出休战的橄榄枝的情况下，爱尔兰共和军的内阁依然不愿意接受休战。

爱尔兰的完全自治事宜在 1921 年得到了解决。1921 年上半年，英国和爱尔兰之间举行了一系列旨在促进和平的非官方活动。1921 年 6 月 22 日，英王乔治五世经英国内阁同意在北爱尔兰议会开幕式上号召一切爱尔兰人缔结和平；三天后，英国和爱尔兰两方决定召开会议以谈论最后的解决办法。此轮谈判之初，英国政府开出的实质条件是：爱尔兰拥有包括一切内政事务的完全自治的自治领地位，以及维护英国各种战略的和经济的利益的义务。爱尔兰人则显然希望"一步到位"，即希望爱尔兰以独立国家的身份而不是英国自治领的身份存在。爱尔兰人只愿意对英王效忠，不愿意接受帝国议会的法律主权，更不愿意分担大英帝国的国防等费用。此

---

① 参见［英］W. N. 梅德利科特《英国现代史：1914—1964》，张毓文、刘礼生、宁静译，商务印书馆 1990 年版，第 168 页。

② 参见［英］W. N. 梅德利科特《英国现代史：1914—1964》，张毓文、刘礼生、宁静译，商务印书馆 1990 年版，第 170 页。

轮谈判到1921年12月5日几乎要破裂，时任英国首相劳合·乔治提出如再不签约就会有强烈的战争风险，于是，1921年12月6日午夜，英国与爱尔兰双方代表在协议上签了字。[①]

根据1921年的《爱尔兰地方自治法》，爱尔兰与英国的关系的具体内容是：（1）爱尔兰获得类似加拿大的自治领地位，爱尔兰须对英王及其王储和继承人宣誓效忠。（2）爱尔兰分担英国的国债（须经过谈判），爱尔兰的海军防务和海岸防御由英国掌管5年，5年后爱尔兰可负担部分海岸防御。（3）英国可以使用爱尔兰的某些港湾及其他设施。在和平时期，这些港湾限于贝雷黑文、科夫、斯威利湾河贝尔法斯特湾；在危急时期，英国政府可以要求扩大到其他地方。（4）如果北爱尔兰议会在这项法案批准后表示愿意不并入爱尔兰自由邦，则设立一个委员会来确定北爱尔兰的边界，确定此边界的标准是当地居民的愿望以及经济条件和地理条件。

二、苏格兰分离主义政党的成立

爱尔兰南部于1921年实现完全自治后，其自主意识越来越强烈，这种自主意识进一步激发了大英帝国其他自治领的独立意识。1921年，加拿大、南非派出驻外使节向英国表明它们想在外交上与英国彼此保持独立。1926年，大英帝国议会通过《贝尔福报告》，允许各自治领和英国在法律地位上彼此平等、互不隶属，各地区都只对英王效忠，且各地区基于对英王的效忠而形成一个"英联邦"。1925年，原本隶属于殖民部的自治领部独立为与殖民部并列的一个部门，该部在1930年拥有首位部门大臣。1923年，加拿大成为第一个独自与英国签署外交条约的自治领。1937年，爱尔兰自治领与英国正式断绝宪法关系。1940年，爱尔兰自治领正式成为完全独立于英联邦之外的爱尔兰共和国。

南爱尔兰在19世纪初期争取完全自治的运动也极大地激发了苏格兰民族主义和苏格兰自治运动。苏格兰虽然不像爱尔兰那样用流血的方式反

---

① 参见［英］W. N. 梅德利科特《英国现代史：1914—1964》，张毓文、刘礼生、宁静译，商务印书馆1990年版，第176页。

抗中央政权，但也不间断地发展其民族主义和自治运动。① 苏格兰选送去议会的 21 名议员组建了苏格兰民族委员会（Scottish National Committee），以督促并推动苏格兰自治。此外，苏格兰还有一些辅助性的党派建立，譬如苏格兰地方自治委员会（Scottish Home Rule Council）。他们想方设法争取海外苏格兰人的支持。第一次世界大战前，最有可能获得通过的苏格兰自治议案是 1913 年《苏格兰自治议案》（*Scotland Home Rule Bill*，1913）。该法案草案在 1913 年 5 月 30 日通过了议会的一读，1914 年 5 月被再次讨论时没有结果。随后，第一次世界大战爆发，苏格兰地方自治问题被束之高阁。第一次世界大战给苏格兰带来很大影响：苏格兰当时原有人口 480万，上第一次世界大战前线的人数为 69 万，这一参战人数是英格兰的1.5 倍，而其中有 15 万苏格兰人因战受伤；苏格兰还为英国提供了大量军舰、船舶、机器、食物和资金。第一次世界大战后，苏格兰的经济陷入萧条，近四分之一的苏格兰人在 1921—1931 年间移居海外。

在 19 世纪末至 20 世纪初，资本主义国家进入垄断资本主义阶段，苏格兰民族主义、激进自由主义和早期苏格兰工人运动三者合流。在南爱尔兰为实现自己的完全自治与英国政府发生武装冲突的 1920 年，苏格兰成立了一个名叫"苏格兰民族联盟"（the Scots National League）的组织。该组织旨在为苏格兰争取在英国之下的更大自治权，而非促使苏格兰独立。苏格兰民族联盟发展到 1928 年时并入了新成立的苏格兰国民党（the National Party of Scotland），苏格兰国民党也不以苏格兰独立为自己的政治目标。

第四节　苏格兰分离主义的曲折发展

从 20 世纪 30 年代开始，苏格兰分离主义陷入低谷，转入曲折发展的阶段，尽管此时的它已经有了以分离为政治纲领的现代政党——苏格兰民族党。苏格兰民族党内部对苏格兰分离主义的路线方针的分歧和苏格兰民众对苏格兰分离主义的冷漠，是苏格兰分离主义曲折发展的主要原因。

---

① See T. C. Smout, et al., *Anglo-Scottish Relations from 1603 – 1900*（Oxford and New York：Oxford University Press，2005），p. 264.

一、苏格兰分离主义政党确定政治纲领

事实上，在第一次世界大战之前没有几个欧洲国家的民族主义运动要求独立建国。即使是在爱尔兰新芬党刚建立时，爱尔兰的民族主义的主流也并不是要建立独立的爱尔兰国。在英国帝国大背景下，苏格兰自治运动是要建立像加拿大或澳大利这样的苏格兰自治领，或者寻求一种介于联合主义和分离主义的中间状态——作为帝国邦联里的一个组成部分。1889—1927 年间，一共有 20 个苏格兰自治法案或动议在英国议会提起，而且这些法案或动议往往能在自由党或工党执政时期得到支持。在第一次世界大战之后，苏格兰自治运动达到高潮。1913 年苏格兰自治提案失败后，苏格兰自治主义者内部出现了分裂，分为主张自治运动的和主张完全独立的两派。1926 年，帝国会议召开，并做出一项将自治领定义为独立国家的决定。此决定使苏格兰民族主义者中的中间派力量受损。1928 年，苏格兰民族主义者首次组成政党——苏格兰国民党。20 世纪 30 年代是苏格兰分离主义史上的历史性阶段。1932 年，苏格兰民族党（the Scotland National Party）成立。1934 年，苏格兰民族党与苏格兰国民党合并。这是苏格兰分离主义史上具有历史意义的一件大事，因为苏格兰民族党是第一个苏格兰分离主义政党。也就是说，苏格兰民族党的成立标志着苏格兰分离主义者把现代政党作为实现自己政治主张的工具。

20 世纪 30—50 年代，苏格兰分离主义陷入低潮。第一个主要原因是第二次世界大战使英国元气大伤，此后到 20 世纪 60 年代，英国人的主要目标是和平与重建家园，苏格兰人对自治的诉求也有所回落。苏格兰分离主义陷入低潮的第二个主要原因是苏格兰分离主义政党苏格兰民族党自身路线不明。苏格兰民族党自 1932 年成立后，其内部对如何使苏格兰实现分离存在巨大分歧，这些分歧总的来说分为"渐进派"和"激进派"。"渐进派"主张渐进地、一步一步地使苏格兰走向独立，也就是先谋求苏格兰自治，再谋求苏格兰独立。"激进派"主张一步到位地使苏格兰独立。两派经过激烈争论，最终还是"渐进派"占上风。这个时期苏格兰分离主义处于低潮的第三个原因是苏格兰国民党和苏格兰民族党的合并。苏格兰国民党的政治目标不是使苏格兰独立，或者说苏格兰国民党不像苏格兰民族党那么激进。苏格兰国民党想让苏格兰退出英国罪恶的殖民事

业，以及让苏格兰取得在大不列颠政权中与英格兰平起平坐的地位。^① 所以说，苏格兰国民党加入苏格兰民族党，使苏格兰民族党寻求独立的政治目标被冲淡。

到了 20 世纪 60 年代，苏格兰分离主义者开始按照"渐进派"的方案实施分离活动。苏格兰民族党将苏格兰独立进程分成三个阶段来实现：第一阶段，在苏格兰地区执政；第二阶段，在苏格兰举行分离公投；第三阶段，公投获得苏格兰民意授权后，苏格兰民族党持苏格兰的民众授权与英国政府展开分离的具体协商工作。20 世纪 60 年代，分离主义者率先在文化领域发起民族主义运动，即苏格兰文化复兴运动。^② 该运动是由苏格兰的学术界、文学界、话剧界、诗歌界等领域的积极活跃分子发起并推动的。他们在这个阶段往往不提出政治上的口号，也不对政治提出任何建议；他们只是举起了"保护苏格兰文化"这面大旗，从文化上唤起苏格兰人的民族自豪感和对历史的记忆，并通过这些情感和记忆激发苏格兰民族主义。在文学界、艺术界、学术界先锋的带动下，苏格兰长老派教士阶层、中资产阶级和律师阶级都开始支持苏格兰民族主义。在 20 世纪 60 年代，苏格兰民族主义中占主导地位的始终是苏格兰地区的中产阶级，他们认为苏格兰人心中的哲学是显著不同于英国的，认为苏格兰人比英格兰人更浪漫。也是在这个时期，"恢复苏格兰民族的主权，建立苏格兰民主政府""组建一个新的独立的苏格兰人的国家"，再次成为苏格兰民族主义者的根本目标。^③

苏格兰分离主义者的独立诉求之所以吸引苏格兰人，是因为苏格兰分离主义者提出的"社会民主主义"构想。在 20 世纪 20—30 年代，英国的民主已经进入新的阶段，英国的经济滑坡、政党政治动荡不安，而英格兰与苏格兰之间的极度不平等——苏格兰的失业率高于英格兰，苏格兰的公共财政支出远不如英格兰的多，苏格兰的经济增速也低于英格兰，苏格兰人口流失严重，苏格兰人大量地迁到英格兰——使苏格兰人怨声载道。

① See Richard Finlay, "'For or Against?' Scottish Nationalists and the British Empire 1919 – 1939," *Scottish Historical Review*, Vol. 71, 1992, pp. 184 – 206.

② See Ben Jackson, *The Case for Scottish Independence*: *A History of Nationalist Political Thought in Modern Scotland* (Cambridge: Cambridge University Press, 2021), p. 17.

③ See Ben Jackson, *The Case for Scottish Independence*: *A History of Nationalist Political Thought in Modern Scotland* (Cambridge: Cambridge University Press, 2021), p. 18.

苏格兰分离主义者提出：苏格兰只有实现独立才能摆脱这种经济困境和遭受的不平等待遇，建立独立的对苏格兰人有广泛代表性的苏格兰议会远比选派些代表出席大不列颠议会更能从社会和经济上保护苏格兰人的利益。苏格兰分离主义者担忧，如果再不成立独立的苏格兰国家，当时苏格兰已有的造船厂、重要企业的控制权将会被英格兰人夺走。苏格兰分离主义者提出，如果建立独立的苏格兰，苏格兰将发展自己的乡村社区，把城市集中的人口疏散至苏格兰各乡村地区，与此同时建立起大规模的经济组织和政治组织。1933 年，苏格兰著名法学家约翰·麦考密克（John MacCormick）批评这种构想时说："苏格兰民族党的人相信私有的小企业而不是垄断的、超大的企业有利于苏格兰的发展。"[1] 苏格兰另一位杰出的长期民族主义活动家阿齐亚·莱蒙特（Archie Lamont）认为，英国推崇的大企业模式只会把人变为金钱的奴隶，而不是让渔夫当渔夫、让农夫当农夫。[2]

在 20 世纪 40—50 年代，苏格兰分离主义政党苏格兰民族党明确提出其政治主张是，建立一个既能保护私有财产权又能通过国家之手调节分配以达到整个苏格兰的实质公平的民主国家，这样独立的苏格兰国家将依靠家庭小作坊式的自然组织和地方社区来维持国家的稳定和不紧张的劳资关系，并且由国家对金融市场进行一定的调控，使苏格兰的经济依靠苏格兰内部商品市场而不是依靠出口。[3] 苏格兰民族党甚至提出，英国政府要苏格兰发展出口贸易是苏格兰越来越不能在经济上自给自足的罪魁祸首。如

---

[1] See Ben Jackson, *The Case for Scottish Independence：A History of Nationalist Political Thought in Modern Scotland* （Cambridge：Cambridge University Press, 2021）, p. 20.

[2] See Ben Jackson, *The Case for Scottish Independence：A History of Nationalist Political Thought in Modern Scotland* （Cambridge：Cambridge University Press, 2021）, p. 20.

[3] See Neil MacCormick, *Flag in the Wind*, p. 35, in Benjamin Levites, "The Scottish Independence Referendum and the Principles of Democratic Secession," *Brooklyn Journal of International Law*, Vol. 41, 2015, pp. 373 – 405.

果苏格兰独立，除非极个别的特殊情况，苏格兰应禁止将苏格兰的原材料出口。[①]

二、苏格兰分离主义扩大影响力

从 20 世纪 40—50 年代开始，苏格兰分离主义者开始运用法律诉讼的方式扩大苏格兰分离主义的影响力。1942—1944 年，苏格兰分离主义政党苏格兰民族党时任党主席道格拉斯·杨（Douglas Young）提起了诉讼。在此苏格兰诉讼中，他认为根据 1707 年的《联合法案》，大不列颠政府要求苏格兰人服兵役是没有法律根据的。这次诉讼关于《联合法案》的主张对苏格兰分离主义是一块法律理论上的沃土。他说《联合法案》是发挥着成文宪法功能的法律文件，这份文件约束着大不列颠议会，使大不列颠议会必须保护广泛的个人自由。[②] 从实际效果看，这一观点捍卫了1707 年的《联合法案》，因为该案并非将苏格兰置于英格兰的统治之下，而是保护苏格兰作为一个独特社会的权利的。他还对英国的国家结构形式和政权组织形式提出了与英格兰人全然不同的看法："英国宪法是建立在联邦制上，就像美国、加拿大等国家一样，而且，英国宪法受英国法院的审查。议会主权只是英格兰王国的传统，不是苏格兰王国的传统，也不是大不列颠王国的传统。苏格兰王国的传统是人民主权。"[③]

---

① "Scotland's Answer to the Crisis：Manifesto by the National Party" *Scots Independent*，No. 255，1947，pp. 1 – 2；John Galloway，"Employment in Scotland" *Scots Independent*，No. 260，1948，p. 1；McIntyre，"National Party Annual Conference," pp. 1 – 2；"Policy Resolutions by National Party Conference" *Scots Independent*，No. 280，1949，p. 6. in Benjamin Levites，"The Scottish Independence Referendum and the Principles of Democratic Secession," *Brooklyn Journal of International Law*，Vol. 41，2015，pp. 373 – 405.

② See Douglas Young，*An Appeal to Scots to Scots Honour：A Vindication of the Right of the Scottish People to Freedom from Industrial Conscription and Bureaucratic Despotism under the Treaty of Union with England*，Scottish Secretariat，1944，pp. 9 – 17. in Ben Jackson，*The Case for Scottish Independence：A History of Nationalist Political Thought in Modern Scotland*（Cambridge：Cambridge University Press，2021），p. 31.

③ See Douglas Young，*Appeal to Scots Honor，A Vindication of the Right of the Scottish People to Freedom from Industrial Conscription and Bureaucratic Despotism under the Treaty of Union with England*，Scottish Secretariat，1944，pp. 17 – 23；Ben Jackson，*The Case for Scottish Independence：A History of Nationalist Political Thought in Modern Scotland*（Cambridge：Cambridge University Press，2021），p. 31.

　　苏格兰民族主义者也对杨的观点深表怀疑。因为事实上自 1707 年以来没有一套法律机制可以制约大不列颠议会对苏格兰在 1707 年联合之前权利的修改，而且这些苏格兰民族主义者也认为苏格兰就是受制于大不列颠议会的。[①] 杨的诉求虽然被法院驳回了，但是其影响力在 1953 年著名苏格兰法学家麦考密克提起的诉讼中得到了加强。1953 年，伊丽莎白女王登基为伊丽莎白二世。麦考密克认为伊丽莎白二世这一称号违反了 1707 年的《联合法案》，因而提起了诉讼。麦考密克称，苏格兰王国女王中没有伊丽莎白一世，所以 1953 年的女王的头衔不能被尊为伊丽莎白二世。麦考密克的诉求同样没有得到法院的支持。

　　大约从 20 世纪 60 年代开始，越来越多的苏格兰人渴望苏格兰独立。此前，苏格兰乡村地区的居民越来越多地迁居到了工业发达的英国城市，苏格兰乡村地区更加没落了。苏格兰乡村没落、英国政府在保护苏格兰乡村地区上的不作为，让越来越多的热爱故土的苏格兰人认为苏格兰只有实现独立才能使广大的苏格兰乡村地区免于不断没落的命运。20 世纪 50 年代，苏格兰民族党领袖汤姆·吉布森（Tom Gibson）提出，苏格兰不适合搞英格兰式的工业化，因为苏格兰的地理条件不同于英格兰，苏格兰适合发展农业和牧业，而且是小家庭式的农牧业、渔业、林业和村庄经济。[②] 与此同时，另一个让苏格兰人担忧的是，大量的英格兰人和爱尔兰人涌入苏格兰。因为英格兰人和爱尔兰人的宗教是英国国教或天主教，而苏格兰人信奉属于加尔文教派的长老派，苏格兰人认为英格兰人和爱尔兰人的涌入将使苏格兰地区民众原有的宗教信仰受到影响。[③]

　　虽然在 20 世纪 30—60 年代苏格兰分离主义有所发展，但是那时大多数的苏格兰民族主义者还是认为，苏格兰应该取得的不是完全独立的政治

　　① See Andrew Dewar Gibb, *The Shadow on Parliament House：Has Scots Law a Future？* (London：Porpoise Press, 1932), pp. 12 – 14, in Ben Jackson, *The Case for Scottish Independence：A History of Nationalist Political Thought in Modern Scotland* (Cambridge：Cambridge University Press, 2021), p. 31.

　　② Tom Gibson, "The Land：The Problem Stated," *Scots Independent*, No. 2, 1926, p. 3, in Richard Finlay, "Thomas Hill Gibson (1893 – 1975)," *Oxford Dictionary of National Biography*, https://doi. org/10. 1093/ref：odnb/71329，刊载日期：2022 年 10 月 4 日。

　　③ MacDiarmid, *Albyn*, pp. 3 – 4, 28 – 30, in Ben Jackson, *The Case for Scottish Independence：A History of Nationalist Political Thought in Modern Scotland* (Cambridge：Cambridge University Press, 2021), p. 31.

地位，而是在英国范围内的自治地位，或者说是在英帝国范围内的如加拿大、澳大利亚那样的自治领地位。① 苏格兰分离主义难以打动苏格兰人人心的最主要原因，是苏格兰分离主义者缺乏实现其各种美好愿景的经济基础，许多苏格兰人不认为苏格兰离开英国后可以在经济上过得更好。

第五节　苏格兰分离主义的成熟

1970 年，苏格兰东海岸北海油田的发现使苏格兰分离主义的气势一下子高涨。1974 年，英国保守党政府委托政府首席经济顾问凯文·麦克荣（Gavin McCrone）教授组建队伍对北海油田进行评估。麦克荣教授向政府提交了"麦克荣报告"，称北海油田足以使苏格兰成为欧洲最强大的经济体之一，建议英国内阁采取策略剪除苏格兰国民党势力。"麦克荣报告"被定位为保密文件。② 北海油田的油量越被英国政府当成机密，就越会引起苏格兰分离主义者和苏格兰人的不满。苏格兰分离主义者们纷纷认为，北海油田的油量足以支撑苏格兰分离主义者们建成其所设想的那个独立的美丽苏格兰。从此，苏格兰分离主义进入成熟时期。

一、《1978 年苏格兰法》的提出

苏格兰分离主义经过 20 世纪 30—60 年代的发展，终于在 20 世纪 60 年代末至 70 年代使英国政府为苏格兰自治付出行动了。1969 年，时任英国首相哈罗德·威尔森（Harold Wilson）委派英国上议院的基尔布兰登大法官（Lord Kilbrandon）查里斯·詹姆斯·达瑞姆普利·肖（Charles James Dalrymple Shaw）成立专门评估是否应将权力下放到苏格兰的皇家宪法委员会（the Royal Commission on the Constitution）。所谓权力下放（devolve），是指英国议会将手中的部分权力转移到附属地方民选部门的

---

① See Ben Jackson, *The Case for Scottish Independence: A History of Nationalist Political Thought in Modern Scotland* (Cambridge: Cambridge University Press, 2021), p. 27.

② 2005 年，苏格兰国民党依据英国《2000 年信息自由法》（*Freedom of Information Act 2000*）申请解密"麦克荣报告"，该报告的全貌才得以面世。

行为。自 20 世纪 70 年代以来英国所称的权力下放实际上就是在 20 世纪 20 年代之前英国人称的地方自治（home rule）。① 基尔布兰登大法官所领导的皇家宪法委员会从 1969 年工作到 1973 年，终于在 1973 年向英国内阁提交了一份报告，该报告建议英国政府在苏格兰地区成立苏格兰大会（Scottish Assembly），并授予苏格兰大会较宽泛的权力，但是也应该明确苏格兰大会从属于英国议会。②

基于皇家宪法委员会 1973 年向英国政府提交的报告，1978 年，曾经依靠苏格兰人支持而赢得英国议会大选的英国工党政府制定了《1978 年苏格兰法》。该法旨在成立苏格兰大会，下放特定领域的立法权给苏格兰大会。但是，《1978 年苏格兰法》规定，只有在苏格兰地区举行了以"是否下放权力给苏格兰"为题的公投，且公投获得超过 40% 的选民支持苏格兰自治的前提下，英国中央政府才会将法案中规定的自治权下放到苏格兰。然而，此次公投结果显示只有 32.5% 的选民支持权力下放，《1978 年苏格兰法》也因此被撤销。1979 年，反对权力下放苏格兰的英国保守党在英国议会大选中击败英国工党，在议会中赢得多数席位，成为议会第一大党。这意味着苏格兰自治不再在英国政府的官方政治日程之内。尽管保守党政府不支持苏格兰自治，苏格兰的自治运动依旧蓬勃地发展着。在 1969—1997 年间，苏格兰讨论得最热烈的宪法话题就是"是否以及如何成立苏格兰议会"。③

二、苏格兰制宪会议连年举行

1989 年，苏格兰民族党牵头召开首届苏格兰制宪会议（Scottish Constitutional Convention）。这是一次具有里程碑意义的跨党派会议。它旨在讨论如何推进苏格兰自治计划。然而，英国保守党明确拒绝参会，这让苏

---

① 参见［英］韦农·波格丹诺《新英国宪法》，李松锋译，法律出版社 2014 年版，第 116 页。

② See *Report of the Royal Commission on the Constitution 1969 - 1973*，Cmnd 5460（1973）. 实际上，在皇家宪法委员会成立之前，英国也一直尝试着改变苏格兰的宪制地位。更多这方面的知识参见网页 https://www. gov. scot/publications/kilbrandon - report/pages/1/，刊载日期：2003 年 10 月 1 日；［英］韦农·波格丹诺《新英国宪法》，李松锋译，法律出版社 2014 年版，第 116 页。

③ See Lindsay Paterson, et al., *A Diverse Assembly: The Debate on a Scottish Parliament*（Edinburgh: Edinburgh University Press, 1998）.

格兰民族党不再支持英国保守党，从而在分离主义道路上越走越远。1989年，一年一度的苏格兰制宪会议发布了回应 1689 年的《权利宣言》（*An Act Declaring the Rights and Liberties of the Subject and Settling the Succession of the Crown*，1689）的《1989 年苏格兰权利宣言》（*A Claim for Right for Scotland 1989*）。《1989 年苏格兰权利宣言》认为苏格兰人民有主权性权利（sovereign right）决定最能满足苏格兰人民需求的苏格兰统治模式，提出苏格兰制宪会议的目的在于"同意设立苏格兰议会"，并鼓励苏格兰民众向英国政府提出捍卫自己权利、设立苏格兰议会的主张。苏格兰制宪会议的会员是从保守党和苏格兰民族党以外的各个政党、地方政府、教会、民间社团如妇女社团、商会等机构和组织抽取代表者组成的。不过，保守党和苏格兰民族党的个别党员也支持制宪会议所倡导的权利运动。制宪会议自称是"苏格兰最有广泛代表性的组织"①。直到 1990 年 11 月，苏格兰制宪会议才召开全会（plenary sessions），开始在工人团体中出现，并向公众发行了一份报告——《走向苏格兰议会》（*Towards Scotland Parliament*）。不过，苏格兰制宪会议在 1990 年召开的这次全会上尚未就苏格兰选举方式或任何其他特定事项达成协议。乔伊斯·麦克米兰（Joyce McMillan）召集了独立委员会，并负责向大会做上述问题的报告，麦克米兰报告中的发现被写进了 1990 年苏格兰制宪会议的总结报告。1995 年苏格兰的传统节日"圣安德鲁日"当天，苏格兰制宪会议向苏格兰人发布了一份终极性文件——《苏格兰议会；苏格兰权利》（*Scotland's Parliament；Scotland's Right*）。英国工党也参与了苏格兰自治运动和 1995 年报告的制定，这意味着英国工党支持苏格兰自治。英国工党在苏格兰得到巨大支持，其根本原因在于英国工党在选举中向苏格兰选民承诺将在苏格兰设立自治议会，并屡屡引述苏格兰制宪会议出台的文件及其原则。

苏格兰分离主义的影响力终于在 1997 年的大选中得到了印证。1997年 5 月，反对权力下放苏格兰的保守党在英国议会大选中一个苏格兰议席都没有得到。这可以被看作苏格兰人对自治有共同渴望的象征，也暗示着英国政府如果再不下放权力给苏格兰，苏格兰人的愤怒将难以抑制。

---

① 尽管会员们绝大部分是男性、中产阶级和白人。See Alice Brown, David McCrone, Lindsay Paterson, et al., *Politics and Society in Scotland*（Basingstoke：Macmillan, 2nd ed, 1998）.

三、苏格兰人大多支持权力下放

1997 年 7 月，赢得大选的英国工党政府发布了它的白皮书《苏格兰议会》（*Scotland's Parliament*），确定将兑现工党在大选中对苏格兰选民的承诺——"苏格兰议会将是安全、持久的宪制安排"。[①] 英国工党政府的白皮书一边承认受惠于苏格兰制宪会议，一边规划着在全国展开权力下放的讨论。不过，尽管苏格兰制宪会议和《苏格兰权利宣言》都宣称苏格兰议会是基于苏格兰人民意志的主权做出的安排，白皮书《苏格兰议会》却毫不含糊地写着：

> 英国议会现在和未来都对一切事务有至高权；作为使英国宪法现代化的政府决议的一部分，英国议会将通过下放立法权责给苏格兰议会的方式在苏格兰行使主权，但是这种权力下放将丝毫不减损英国议会在苏格兰的至高权力。[②]

英国工党政府的这种操作影响了《1998 年苏格兰法》的条款。白皮书《苏格兰议会》坚持即使权力下放也不更改英国的议会主权原则。然而，白皮书《苏格兰议会》发布后，议会主权原则明显遭到苏格兰民族主义者中的激进分子的抵制。一旦《1998 年苏格兰法》在英国议会和苏格兰议会之间分权，未来的英国中央在未经得苏格兰人民同意的情况下几乎不可能在政治上修改这种宪法安排。[③]

英国工党政府在向英国议会提交《1998 年苏格兰法》议案之前，决定确认苏格兰选民的意愿。于是，英国政府中专门负责苏格兰事务的国务

[①] See *Scotland's Parliament* Cm 3658 （1997）.

[②] See *Scotland's Parliament* Cm 3658 （1997）.

[③] 参见网页 http://www.scottish-devolution.org.uk/frame/htm，刊载日期：2015 年 12 月 15 日。

大臣（secretary of state）① 特纳德·迪瓦尔（Donald Dewar）列举了举行公投的理由。在关乎"1997 年（苏格兰和威尔士）公投议案"的辩论中，迪瓦尔说道："获得人民同意有好处。在我们的不成文宪法中，人民同意能授予特定的正当性。要在我们的宪法内建立地方自治制度并且使其生根发芽，只要我们在公投中得到了正面结果，我们就有加快权力下放进程的道德正当性。"②

《1997 年公投法》［Referendums（Scotland and Wales）Act 1997］规定于 1997 年 9 月 11 日分别在苏格兰和威尔士举行公投。在苏格兰，两个问题被抛给苏格兰选民：第一个问题是"是否应该设立一个苏格兰议会"，第二个问题是"该苏格兰议会是否应有税收变动权（tax varying power）"。英国工党政府拒绝了苏格兰民族党要求设置的第三个问题，即"苏格兰是否应独立"。英国工党政府也拒绝了保守党提出的公投应该在"苏格兰法"议案的内容得到讨论之后举行的要求。1978 年那场苏格兰公投是在

---

① 国王的国务大臣一职出现于亨利三世时代的英格兰。到亨利八世时代，他在议会和枢密院里有一席之地，位置仅次于王室的高级官吏。这一职位后来变得很优越和重要，能力超群的人被选去担任这一官职。比如西塞西尔（伯雷勋爵）、沃辛汉姆和塞西尔（索拉兹伯里勋爵）。斯图亚特王朝时有所衰弱。1660 年后这个官职的重要性再次上升。1689—1794 年间，有两个国务大臣；1709—1746 年间，有负责苏格兰事务的第三位国务大臣；1768—1782 年间，有负责殖民事务的第三位国务大臣。当有两位国务大臣时，一位掌管北方部，与北欧强国打交道，另一位负责南方部，处理与南欧国家及国内、爱尔兰和殖民事务。1782 年，北方部改成外交部，南方部改为内务部。1794 年，任命了一个战事国务大臣，1801 年战事国务大臣也负责殖民部。1854 年这两种职务分离开来。1925 年以后，殖民国务大臣的职位有时与自治领事务国务大臣合并，有时分离，直到 1960 年被取消，合并进共同体事务国务大臣。国务大臣的职位也为以下事务而设立：印度（1858—1937）；印度和缅甸（1937—1947）；航空（1917—1964）；苏格兰（1926）；自治领事务（1930），1947 年改为联邦关系，1966 年改为联邦事务，1968 年并入外交和联邦部；国防（1964 年代替战事国务大臣和航空国务大臣的职位）；教育和科学（1964）；威尔士（1964）；就业（1968）；社会服务（1968）；环境（1970）；能源（1974）；工业（1974）；贸易（1974）；价格和消费保护（1974）及北爱尔兰（1975）。在不同时期，还有负责其他政府部门的国务大臣。现代的趋势似乎是通过指定部门首脑为国务大臣而表示该部门的重要性。这种官衔可能将继续归属负责内务、外交和联邦事务、国防、教育和科学以及另外两个大臣。从 1962 年起，有时指定一个人为第一国务大臣，但这仅仅意味着他们中间居于首位。根据遗留下来的习惯，在宪法上任何一个国务大臣可以代表另一位国务大臣，从理论上讲，他们是一个职务的共同承担者，每一人有特殊的责任范围。参见《牛津法律大辞典》，光明日报出版社 1989 年版，第 814 页。

② 参见网页 https://publications.parliament.uk/pa/cm/cmse9798.htm，刊载日期：2000 年 1 月 21 日。

《1978 年苏格兰公投法》[*The Scotland Act（Referendum）Order 1978*] 经御准生效之后举行的。这一次之所以事先举行公投，英国工党政府给出的理由是，如果公投结果显示苏格兰自治得不到法定多数选民的支持，那就没有必要浪费议会的宝贵时间去制定一部苏格兰法了。但是，该次苏格兰公投的结果表明，大多数苏格兰选民对公投中提出的两个问题给予肯定性回答。1997 年公投的投票率是 60.4%，其中，有 73.3% 的投票者支持设立苏格兰议会，65.6% 的投票者支持该苏格兰议会享有税收变动权。因此，从该次公投之日起，工党政府就能说它提出的权力下放改革是有民意基础的。由于 1997 年苏格兰公投结果支持苏格兰自治，因此，《1998 年苏格兰法》议案便于同年 11 月在英国议会得到通过。

四、苏格兰分离主义政党执掌苏格兰议会

1998 年权力下放后，第一届苏格兰议会的选举结果是苏格兰工党获胜。然而，苏格兰工党政府的表现让原本对自治抱有重大期盼的苏格兰民众大为失望。苏格兰人为何会对 1998 年的权力下放产生如此负面的评价呢？本书前文已经分析过，苏格兰人之所以要求自治，当然有出于对苏格兰历史文化的保护，但更主要的是要使苏格兰摆脱经济上的衰退。而苏格兰经济之所以衰退，根本原因是苏格兰人没有掌握住发展苏格兰的财政权和经济政策自主决策权，也就是说，是因为苏格兰的经济受英国控制。苏格兰人争取自治主要就是争取经济上的自主权。《1998 年苏格兰法》虽然让苏格兰议会获得了看似较大的自治权，却没有获得经济上的自治权。根据《1998 年苏格兰法》，英国议会依然对苏格兰议会的财政拨款拥有控制权。英国财政部依旧掌控苏格兰的财政收支和宏观经济政策权。苏格兰议会和苏格兰政府只能在英国财政部所获款项中决定款项的具体分配。

苏格兰民众对苏格兰工党政府的失望也和苏格兰工党的执政表现太平庸有较大关系。苏格兰政党中两个最具有竞争力的党派是苏格兰工党和苏格兰民族党。其中，苏格兰工党是英国工党在苏格兰的地方党，是英国工党的分支，是附属于英国工党的。也就是说，苏格兰工党在政党路线方针政策上没有独立性。苏格兰自 20 世纪 60 年代以来就一直是工党独大。1998 年苏格兰议会成立以来，苏格兰工党在苏格兰议会第一次大选和第

二次大选中都取得了胜利，成为第一届苏格兰议会和第二届苏格兰议会的执政党。由于苏格兰工党在意识形态和政党方针政策上没有独立性，苏格兰工党在苏格兰缺乏权威和自信，也没有根据苏格兰的具体情况提出清晰的苏格兰人的国家认同策略。这种处境使苏格兰工党虽然在第一次议会选举和第二次议会选举中均获胜，但是没能承担起本应承担的治理苏格兰的责任。① 加上《1998 年苏格兰法》规定苏格兰的财政大权和经济政策制定权仍由英国中央政府控制，苏格兰工党在苏格兰治理的关键领域未能取得什么好成绩。

自 1998 年权力下放苏格兰后，苏格兰的民族认同已经远超对大不列颠联合王国的认同了，苏格兰人要扩大自治权的诉求也更强烈了。自第二次苏格兰议会大选起，苏格兰选民更愿意支持强调苏格兰认同的政党。而苏格兰分离主义政党——苏格兰民族党正在孜孜不倦地宣传、号召、建立苏格兰认同。第二届苏格兰议会大选前的民意调查已经显示：苏格兰分离主义政党凭借其提出的苏格兰认同和扩大苏格兰自治权的口号获得了越来越多苏格兰人的支持。但是，这些民意并未引起英国中央政府的警惕，也未引起苏格兰工党的警惕。一般而言，在苏格兰议会选举中，苏格兰选民更倾向于支持民族认同度更强的政党，因为这样的政党更热衷于苏格兰自身的发展和建设；在英国大选中，苏格兰选民考虑更多的则是英国的整体利益。苏格兰工党在头两届执政中的平庸表现已经让苏格兰民众失望。

1998 年苏格兰获得自治权不久后，苏格兰民族党就反复重申该党的目标是在 2007 年前使苏格兰成为独立国家。苏格兰民族党主席阿列克西·萨尔蒙德宣称，无论是英国议会还是苏格兰议会的多数票，都不意味着苏格兰民族党自动获得了独立谈判的授权，只有经苏格兰议会举行的公投才能确定独立谈判获得了授权。第三届苏格兰议会是 2007 年，正是英格兰王国和苏格兰王国 1707 年联合的 300 周年，持联合主义的苏格兰工党不仅没有通过宣扬联合来激发民众对联合的支持，反而用消极的论调驳斥苏格兰民族党，用居高临下的姿态"恫吓"苏格兰局势的改变——如果苏格兰民族党在选举中抬头，将让苏格兰进入不确定和不稳定状态。而

① See Tom Gallagher, *The Illusion of Freedom*：*Scotland Under Nationalism*（London：Hurst & Company，2009），p. 102.

工党的中央首脑、即将成为英国首相的戈登·布朗不仅没有重新考虑扩大苏格兰自治权的议题，反而在当年的 5 月份公开表示苏格兰议会已经拥有足够的财政权，因而没必要重新审视《1998 年苏格兰法》。① 苏格兰工党和英国工党的关系意味着苏格兰工党在苏格兰议会选举中的选情必然受英国工党中央的影响。

英国工党对苏格兰民情变化的忽视，让苏格兰工党在第三届苏格兰议会大选（也就是 2007 年的苏格兰议会选举）中的竞选运动失去了航向，也给了苏格兰民族党极好的上位机会。实际上，《1998 年苏格兰法》给苏格兰设置了两层选举机制，旨在防止苏格兰民族党等分离主义政党上台。苏格兰工党不仅自 1998 年以来执政表现平庸，还在 2007 年的这次议会选举中显得混乱、迷茫和让人难以理解。英国工党当然是支持联合主义而反对苏格兰分离主义的，所以其给苏格兰工党制定的竞选策略理应是用联合主义打压分离主义，可是，苏格兰工党却在 2007 年将竞选口号打造成"用联合主义打压民族主义"。② 这更加激起了很多苏格兰人的反感。因为分离主义和民族主义之间有着本质的区别，民族主义并不是旨在分裂国家，民族主义更多的是文化社会领域的一个现象。民族主义的极端化才是分离主义。宽泛的民族主义能把每一个热爱自己的人类学意义上的民族的人都囊括进去。2007 年苏格兰工党打出的这一竞选口号活生生地把许多非分离主义的苏格兰民族主义者的选票拱手让给了自己的竞争对手——苏格兰民族党。苏格兰选民不喜欢苏格兰工党在竞选中强迫其在选择支持联合主义还是分离主义的问题上站队，苏格兰选民更关心的是具体的执政政策能不能使自己受益。③ 正是因为抓住了苏格兰选民的这些心理，加上竞选的准备充分，在竞选中几乎没有出现失误的苏格兰民族党以微弱优势击败苏格兰工党，成为苏格兰第一大党。这是苏格兰民族党取得的巨大胜利，也是苏格兰分离主义发展史上的历史性突破。不过，第三届苏格兰议会大选还是没能让苏格兰民族党在苏格兰议会中占有压倒

① See Tom Gallagher, *The Illusion of Freedom: Scotland Under Nationalism* (London: Hurst & Company, 2009), p. 113.

② See Peter Lynch, *The History of the Scottish National Party* (Cardiff: Welsh Academic Press, 2013), p. 267.

③ See Peter Lynch, *The History of the Scottish National Party* (Cardiff: Welsh Academic Press, 2013), p. 267.

性多数席位，苏格兰民族党需要组建联合政府。拥护联合的苏格兰自民党（Scottish Liberal Democrats）不愿与立志独立的苏格兰民族党合作，苏格兰民族党只得在两名苏格兰绿党（Scottish Greens）议员的支持下组建少数派政府。

自从成为苏格兰议会中的第一大党以后，苏格兰民族党积极进取的表现赢得了越来越多苏格兰人的认可和支持。2007年，苏格兰民族党主席阿列克西·萨尔蒙德当选为苏格兰首席部长后就将苏格兰行政机关的名称从"苏格兰行政机关"（Scottish Executive）改为"苏格兰政府"（Scottish Government）。这一行为看似只是改一个名字，但是苏格兰民族党有很深的用意。因为从社会心理学的角度看，改名后的"苏格兰政府"更能给人一种稳定、实体、独立的感觉。英国中央政府当然不是看不出苏格兰民族党的用意，所以英国议会和部分媒体都发表了反对的声音。但是，由于此时的英国中央政府也缺乏强有力的领导人，这种反对也显得虎头蛇尾。苏格兰议会和苏格兰政府在萨尔蒙德的带领下，以高超的政治手腕应对种种执政中的难题，取得了骄人的执政成绩。萨尔蒙德被公认为是完全可以和英国中央政府中最优秀的政治家相媲美的苏格兰政治家。他善于抓住苏格兰人的心理，善于强化苏格兰人的民族认同感和自豪感，也善于和媒体打交道，善于表现亲民、幽默、理性睿智的一面。在苏格兰民族党的炒作和引导下，苏格兰人更容易把1998年权力下放后苏格兰议会和苏格兰政府取得的执政成就都归功于苏格兰民族党领导下的苏格兰议会和苏格兰政府。尤其是有政绩不佳的苏格兰工党政府作为苏格兰民族党政府的陪衬，苏格兰人更容易把苏格兰议会和苏格兰政府的执政成绩归功于苏格兰民族党，而把失误或失败归咎于英国政府或英国议会对苏格兰议会的权力限制。

苏格兰民族党自2007年赢得执政机会以来的良好表现和苏格兰民族党的最大对手——苏格兰工党——的平庸表现，让苏格兰民族党在2011年的竞选中不仅未受两层选举制的掣肘，反而赢得了更大的支持率。2011年，苏格兰民族党在苏格兰议会选举中取得压倒性胜利。这是苏格兰分离主义上的里程碑事件。与其他地方的民族主义政党和民族主义运动一样，苏格兰民族党宣称"所有执政中遇到的难题都将留到独立后解决"。在苏格兰民族党的口号中，似乎独立是解决所有难题的灵丹妙药。随着苏格兰民族党在2011年的苏格兰议会大选中取得巨大胜利，苏格兰独立的议题也被推上了风口浪尖。纵观苏格兰独立公投之前的政治，可以说1998年权力下放苏格兰使苏格兰局势发生了质的变化。苏格兰议会成为苏格兰分离主义者推动独立并加快其进程的政治平台，苏格兰对任何政党都不做限制的选举机制也给苏格兰民族党提供了宪制机会。

第二章　公投的内涵、历史源流及当代实践

虽然公投常常见诸报端并为人所谈论，但是实际上，人们对公投的名称、公投的内涵都莫衷一是。如果不能界定公投的内涵，又怎么分析公投与分离之间的内在联系以及公投的合法性问题呢？因此，本章将梳理公投的历史源流，界定公投的内涵，指出公投的类别，厘清公投与代表制政府和与分离之间的关系，最后分析在不同的国家结构形式下公投效力的来源和差异。

第一节　公投的内涵与历史源流

第二次世界大战后，绝大多数的国家举行过全民公投，超过三分之二的国家有全民公投法。① 然而，即使到了今天，许多人尚不知道公投的全称，有些地方称之为全民公投，有些地方称之为全民公决，有些地方称之为公民复决，有些地方称之为全民投票。公投的全称到底是什么？它的内涵又是什么？它经过了怎样的历史发展过程？下面逐一介绍并分析这些问题。

一、公投的内涵和类型

英文中的 plebiscite、referendum 和 popular vote 都指公投。其中，

---

① See Matt Qvortrup, *A Comparative Study of Referendum* (Manchester: Manchester University Press, 2012), p. 1.

plebiscite 源自古罗马的 plebis scitum（指出现于公元 4 世纪的古罗马 "平民大会的决议"）。plebiscite 一词有时候被当作负面词汇使用，这是因为在历史上真实发生的全民公投往往伴随着被操纵或被扭曲了的提案或程序。例如，法国在 1793—1870 年间举行的全民公投以及第一次世界大战期间希特勒举行的全民公投。referendum 源自拉丁语中的 refero（由 fero 及其前缀 re-组合而成的词）。在拉丁语中，refero 是 fero 的动名词形式，指 "背回去、发回"。依据拉丁语的语法规则，refero 不能单独使用，而必须与名词附在一起使用，例如 "一份必须发回给人民的议案"。不仅如此，拉丁语中的 referendum 还指选民批准是 "必须的、有强制力的"程序，而不只是 "适合的"程序。一项议案一般先经历动议阶段，再经历决议阶段，最后方能形成法案。如果议案是由行政机关或立法机关发起，再交由人民决议，这样的活动才是 referendum。虽然 referendum 源自拉丁语，但当它到了英语中却几乎成了一个新造的词汇，遵循的是英语的语法规则而不是拉丁语的语法规则。相比 plebiscite，referendum 一词出现得较晚。referendum 的最早实践大概在 16 世纪的瑞士，瑞士国民大会的代表们将特定的事务交给选民批准，人们把这个过程称之为 referendum。到了19 世纪 80 年代，人们普遍用 referendum 表示将议题交给选民直接投票的活动。在今天的英文著作中，referendum 是最常用来指代全民公投的英文词汇。

区分 plebiscite 和 referendum 不仅困难，而且徒劳。例如，在美国，plebiscite 和 referendum 的意思基本相当，都是指人民所表决过的提案或其程序；在澳大利亚，plebiscite 指不会影响宪法的投票活动，referendum 指改变宪法的投票活动；在爱尔兰，接受宪法的公投叫 plebiscite，修改宪法的公投叫 referendum，对非宪法性议案的公投也叫 referendum；在德国，plebiscite 指全民公投，referendum 指公民复决，popular vote 则是指把 referendum 和 plebiscite 都包括在内的公民投票；在法国，plebiscite 是有负面意思、经过扭曲或操纵的假的全民投票；在英国，官方和学者一般都是用 referendum 指全民公投。《牛津比较宪法手册》对 plebiscite 和 referendum 也是不加区分的，认为二者都是为了改变宪法或宪制而进行的投票活动。① 本书也不主张区分 plebiscite 和 referendum。

《布莱克法律词典》介绍 referendum 为：

Referendum is the process of referring to the electorate for approval a proposed new State constitution or amendment（constitutional referendum）or of a law passed by the legislature（statutory referendum）. Reservation by people of the state or local subdivision thereof，of right to have submitted for their approval or rejection，under prescribed conditions，any law or part of law passed by lawmaking body. ②

这段英文可翻译如下：

公民复决是一国人民或一国的地方选民按照规定好的条件对立法机关制定的新宪法或法律表达同意或反对的活动。

《布莱克法律词典》对 referendum 的定义和德国宪法学家施米特对公民复决的定义以及英国宪法学家戴雪对 referendum 的定义是一致的。施米特将公民复决定义为就是否批准立法机关的决议而举行的公民投票。③ 戴雪认为："公民复决是指将已经获得了上下两院通过的议案提交给选民投票且投票选民之多数批准或者同意这一议案之后此议案才能成为议会法的活动。"④

与公民复决有一定相似性但所指范围不完全相同的一个概念，是公民投票。公民投票是指各种有表决权的国民对一个实质性问题以某种形式做出实质性回答的活动。⑤ 施米特将"公民投票"简称为"公投"，并提出

---

① See Michel Rosenfeld，Andras Sajo，et al.，*The Oxford Handbook of Comparative Constitutional Law*（London：Oxford University Press，2013），p. 501.

② Henry Campbell Black，*Black's Law Dictionary*（fifth edition）（St. Paul：St. Paul Minn. West Publishing Co.，1979），p. 1152.

③ 参见［德］卡尔·施米特《宪法学说》，刘锋译，上海人民出版社 2001 年版，第 280 页。

④ ［英］A. V. 戴雪：《英国宪法研究导论》，何永红译，商务印书馆 2020 年版，第 75 页。

⑤ 参见［德］卡尔·施米特《宪法学说》，刘锋译，上海人民出版社 2016 年版，第 317 页。

"公投"的名下包括人民动议①、全民公投（plebiscite）、公民投票（volksbstimmung）、公民复决（referendum）等具体方式。②

2014 年苏格兰分离公投的官方表述"the Scottish independence referendum，2014"中表述公投的是 referendum 一词。2014 年苏格兰人直接表决的内容虽然是实质内容，但既不是英国议会的决议也不是苏格兰议会的决议，因此 2014 年苏格兰人的表决行为不是一场公民复决。但由于它完全符合公民投票的特征，故"the Scottish independence referendum"应被称作"苏格兰分离公投"。

本书接受施米特的观点，书中所称的"公投"是指施米特在《宪法学说》中定义的"公民投票"。我们可以这样为公投下定义：公民投票简称公投，是指一个国家的全体公民或者一个地区的全体有投票权的人在宪法框架内就本国或本地区的重大问题做出回答的活动。③ 公投的内涵包括：首先，能举行公投的是"国家或地区"，也就是说能举行公投的地域有原始部落或氏族、古代的城邦国、中世纪的城市共和国、近现代享有领土主权和国际法主体地位的独立国家、独立国家的特定辖区或殖民地或托管地或非自治领地。其次，进行公民投票的公民更确切地说是国民或居民。因为在实践中，投票活动如果是在主权国家的全国范围内举行，投票权人往往是拥有主权国家国籍的人，而如果投票活动是在主权国家的部分地方行政区域内举行，投票权人往往是拥有举行投票活动的行政区域居民权的人。最后，投票事项是投票区域内的"重大事务"，以至可以改变一国的政治存在形式，如国家统一和独立、分离与合并、中央与地方关系重大调整等宪法性问题。正因为这些事务具有改变国家政治存在形式的功能，所以被施米特称为"实质性事务"。

根据公投的内涵，公投可以从三个角度进行划分：第一，根据举行公投的主体是主权国家还是主权国家的部分地方行政区域，或是殖民地、托管地、非自治领，公投可以分为主权国家举行的公投和非主权国家举行的公投。第二，根据举行公投的地域范围，如果是在主权国家的全境举行的

---

① 参见［德］卡尔·施米特《宪法学说》，刘锋译，上海人民出版社 2001 年版，第 280 页。

② 参见［德］卡尔·施米特《宪法学说》，刘锋译，上海人民出版社 2016 年版，第 317 页。

③ 参见［德］卡尔·施米特《宪法学说》，刘锋译，上海人民出版社 2001 年版，第 256 - 258 页。

公投，则是全国性公投，如果是主权国家内部的部分地区举行的公投，则是地区性公投。第三，根据公投的效力，如果公投是为了衡量是否启动一项法案的制定或修改，则是动议式公投；如果公投是为了判断是否批准议会已经通过的法案，则是决议式公投。

公投的性质有强制性和任意性之分。第一，强制性的全民公投。世界各国采用强制性全民公投的范围不同，涉及制定宪法和法律、领土主权变更、重大国策等方面，其中，尤以制定宪法和宪法修正案者居多。宪法对此做了明确规定的国家有法国、日本、澳大利亚、乌克兰、古巴等。这类国家有日益增多的趋势。瑞士联邦宪法以及瑞士各州的宪法、美国的多数州宪法规定宪法案之外的普通法案以及一些重大问题在生效之前须进行强制性全民公投。瑞士、澳大利亚等国的涉及宪法或人民基本权利的法案还须获得双重多数（即多数选民和多数州）的认可方能生效。德国、澳大利亚、意大利等国的宪法还规定：国内划分行政区划，或变更辖区，或组织新区，须经当地居民通过投票决定。例如，《瑞士联邦宪法》（*Federal Constitution of the Swiss Confederation*）第 123 条规定："经过修改的联邦宪法，或经过修改的联邦宪法部分条文，如获得多数表决公民和多数州的通过，即发生效力。"第二，任意性的全民公投。普通法律的修改采取任意性决断式全民公投的比较多。而任意性决断式全民公投的动议者是谁得视宪法法律法规而定，可能是国家行政机关、代议机关、总统①、立法机关的少数议员，也可能是拥有选举权的部分国民。例如，《瑞士联邦宪法》第 141 条规定，凡联邦议会通过的普通法案，以及一般约束力的命令、与外国订立的条约的草案或修正案一旦在联邦政府公报上发布，其后的 100 天内若征集到 5 万份有效公民签名即可启动全民公投程序。这些法律文件能否生效，则取决于全民公投的结果。《瑞士联邦宪法》第 139 条规定，如果要在瑞士联邦宪法中增加新的条款，或者提出新的宪法文本，则须从倡议发起之日起 18 个月内征得 10 万人签名，联邦政府受理提案后，在 1 年内由议会决定交付全国公民表决。这便是应人民动议而起的任意性全民公投的典型。政府发起的决断式全民公投在现代民主政体下并不多见，因

---

① 如魏玛宪法第 73 条规定民国总统可以决定举行全民公投。参见［德］卡尔·施米特《宪法学说》，李锋译，上海人民出版社 2016 年版，第 269 页。

为它意味着执法官与实际聚集起来的民众发生面对面的关系。[①] 由议会主动提交的全民公投，是议会放弃自己的代议角色的表现。这不符合现代代表制的政治逻辑，因而罕见，但因其能帮助议会中的少数党制衡多数党而存在。例如，丹麦 2019 年宪法第 88 条规定，只要三分之一的议员联署便可以发动全民公投，多数党可在 5 日内决定是否撤回争议法律；否则全民公投多数票且此票数占应投总票数 40% 以上者可以废止该法律。

公投不同于直接选举。直接选举是指投票权人对"代表者"进行表决的活动。既然公民投票是对各种实质性表决的总称，[②] 那么，公投不仅不同于直接选举，而且既不包括直接选举，也不包括罢免（recall）。罢免是指通过一定数量的公民签名提出动议，由全体选民投票决定是否罢免某一现任民选公职人员。因为罢免是通过全民公投的方式实行的，所以在形式上，似乎也是公投。但是实际上，罢免与直接选举是一个事物的两个方面。罢免与直接选举都是针对"人"，而全民公投是针对"事"进行的投票活动。

二、公投的历史源流

公民投票的雏形是古代的民众大会。远古氏族社会一般通过民众大会共同讨论氏族或部落的施政方针、官吏任免及刑事处罚等事项。比如，古罗马周边的"蛮族"首领遇到无法决断的重大事项会召开全族适龄男丁大会来宣布决议。举行男丁大会时，参加会议的成员如同意首领的决议就发出欢呼，反之则以剑背敲打盾牌，赞成派和反对派以声音响亮者为胜。这些喝彩具有压倒首领意见的约束力。氏族部落的这种民众大会就是公民投票的雏形。在远古部落或氏族，部落大会或氏族大会是部落或氏族的最高议事机构和决策机构，往往决定一切大事。参与大会的人享有平等的表决权。

近现代的公民投票起源于罗马人的公民大会。氏族社会瓦解后存在的是城邦。城邦不仅保留了氏族大会的一些要素，还将之发展为城邦的公民大会。古代城邦的民众大会中最负盛名的要数古希腊雅典城邦的公民大

---

① 参见〔德〕卡尔·施米特《宪法学说》，李锋译，上海人民出版社 2016 年版，第 269 页。
② 参见〔德〕卡尔·施米特《宪法学说》，刘锋译，上海人民出版社 2016 年版，第 317 页。

会。古希腊雅典城邦承办的公民大会由于参加者是公民，因此叫"公民大会"。它是古希腊雅典城邦的最高权力机构，集古希腊雅典城邦的立法、司法和行政大权于一身。它定期召开，古希腊雅典城邦的所有公民均有权参加，且任何公民都有创议权以及在会上自由发言和讨论的权利。参会公民的简单多数票通过即为它最后的决议。在古雅典城邦，公民大会和其他城邦权力机构的关系是，城邦所有其他权力机构要么由公民大会产生，要么直接对公民大会负责。① 当然，除了古希腊雅典城邦，还有其他古城邦将民众大会作为城邦最高权力机关，如古罗马和日耳曼民族。

古代城邦的民众大会最终因其低效而逐渐衰落，直到被改造。大约在公元 5 世纪，罗马人对前人民众大会的运作模式做了改造，他们并不像前人那样将所有事务都交给民众大会决议，而是将国家事务区分为一般事务和重大事务，一般事务由元老院决策，重大事务才由公民大会决定。元老院和公民大会相互配合、相得益彰。

近代公民投票最早出现在 13 世纪的瑞士，后因被瑞士滥用而一度遭到冷落。② 在 13 世纪，瑞士各州经常举行公民大会，年满 20 岁的男性公民佩腰刀、短剑参与露天辩论，以举手表决的方式选举本州的官员、决定本州的重大问题和立法事项。③ 除了瑞士的公投，美国乡镇一级和俄国村社一级的公投体系也比较发达。

现代公民投票最早发生于法国大革命时期，它们以人民主权学说为思想基础、以承认代表制为基本前提。1793 年的《雅各宾宪法》（*Jacobin Constitution*，1793）第 54 条区分了法律和命令，并规定所有法律的立法程序应该先由立法机构讨论后提出法案，再以"建议法案"名义印制并送交全国各地，法案送达后 40 日内，如果半数以上的省或十分之一的地方议会没有提出反对，该"建议法案"才能成为正式法律。④ 根据 1793 年的《雅各宾宪法》第 53 条规定，立法机关虽然没有制定法律的权力，但是有制定命令的权力。在 1793 年的《雅各宾宪法》中，法律和命令是不同的。法国的全民公投后来遭到了拿破仑叔侄的滥用，成为他们独裁的

---

① 参见施治生《试论古代的民主与共和》，载《世界历史》1997 第 1 期，第 7 页。

② See Michel Rosenfeld, Andras Sajo, et al., *The Oxford Handbook of Comparative Constitutional Law* (London：Oxford University Press, 2013)，p. 501.

③ 参见魏贻恒《全民公投的理论和实践》，中国人民大学出版社 2000 年版，第 53 页。

④ 参见魏贻恒《全民公投的理论和实践》，中国人民大学出版社 2000 年版，第 59 页。

工具。

第一次世界大战后，公民投票出现了短暂的兴盛。根据《凡尔赛合约》（*Treaty of Versailles*），欧洲对领土有争议的地方纷纷采取原住民公投的形式解决争议。例如，1920 年的石勒苏益格原住民通过投票决定北部归丹麦、南部仍归德国。截至 1927 年，全世界已有 15 个国家在宪法中规定了实施全民公投制，其中，澳大利亚、海地、丹麦、爱沙尼亚、瑞士、利比亚、爱尔兰等 7 国还设置了强制性的全民公投程序。① 第二次世界大战期间，希特勒和墨索里尼也频繁借助全民公投为其制定的政策增加合法性。这使全民公投的合理性再度遭到质疑，以至于第二次世界大战结束初期各国均对全民公投保持一定程度的警惕。但是 20 世纪 50 年代后，民族独立运动在世界范围内兴起。这些寻求独立的民族纷纷通过全民公投的方式表达其独立意愿。在 20 世纪 70 年代第三波民主浪潮和欧盟扩大化等大背景下，全民公投在世界各国获得了更多瞩目和运用。

如上文所述，诸多国家的现代成文宪法中规定了全民公投。例如，爱尔兰 1937 年宪法第 6 条规定："根据公共利益的要求，所有国家重大政策最终必须经过人民同意。"瑞士、法国、日本、澳大利亚、乌克兰、古巴等国的宪法对此均做了明确规定。俄罗斯、埃及等国宪法中都规定立宪或对宪法实行重大修正需启动全民公投程序。

除了成文宪法国家，非成文宪法国家比如英国也举行了多次公投。后文将以专节介绍。

民主国家主要用公投来解决三类问题。第一，宪法问题，包括制宪和修宪问题，如选举制度之类的宪制规则的重要变更问题，或其他能改变主权国家政治存在状态的问题。许多国家起草宪法或修改宪法时都会使用公投，譬如 1958 年法国成立第五共和国时。澳大利亚、丹麦、爱尔兰共和国的宪法规定，宪法修正案在生效前必须通过全民公投来获得人民的同意。第二，道德问题。所谓道德问题是指诸如喝酒、离婚等事宜是否应被认定为不道德的问题。道德问题成为国家政治议题一般发生在宗教信仰浓厚的国家。如爱尔兰共和国曾在 1968 年、1975 年和 1982 年分别就"酒吧在星期天是否营业"举行了公投。第三，领土争端。这是最常见的举行公投的议题。

---

① 参见魏贻恒《全民公投的理论和实践》，中国人民大学出版社 2000 年版，第 63 页。

总之，远古和古代的公民大会是直接民主体制下的唯一决策机构。在古代，直接民主不仅常被部分有影响力的家族操控，还有非理性、多数人暴政等缺陷。古代公民大会的这些问题在古雅典城邦得到了尖锐反映——古雅典城邦利用民众大会流放了大量社会精英、错杀了包括苏格拉底在内的好人能人。而古罗马之后的民众大会则开始与元老院一起充当罗马帝国的决策机构。从历史源流看，普遍流行的代表制确实是对民众大会式直接民主的修正，而不是对直接民主的彻底背离。到了近代，许多国家地大民众、国事繁难，公民大会不适合成为决策机构，代表制取代了直接民主，代议机关成了国家的日常决策机关，公民投票只是在代表制的基础上的一种存在。

第二节　分离/自决公投的全球实践

综观全球，当今各个"闹独立"的地区无不以分离公投或自决公投为其争取独立的手段和阶段性成果。同时，西方民主观念的不断推进使公投在越来越多的国家得到实践和立法。而大多数公投实践是以解决领土争端为目标的。这些以解决领土争端为目标的公投或者是自决公投，或者是分离公投。分离和自决在国际法上是完全不同的事物，前者是国际法不予认可的，而后者在国际法上是合法的。所以自决公投是合乎国际法的公投，而分离公投的结果能否得到国际承认则取决于举行的分离公投是否有国内法为依据。也因此，分离公投可以分为有明确法律依据的分离公投和没有明确法律依据的分离公投。中国宪法和法律明文禁止分离，也没有对公投制度做出规定。作为不成文宪法国家，英国引入公投实践的时长虽然短，但公投实践颇为丰富。本节详细介绍之。

一、分离公投的实践

分离主义是许多国家正面临的难题。地方分离能使母国解体，也能使母国的地方行政区域可以按照自己的意愿建国或加入其他国家。世界上鲜有国家的宪法认可地方分离权。即使有承认地方分离权的宪法，一旦其制定主体取得了政权或其确认的政权得到了巩固，那些允许地方分离的宪法条款就消失了。[①] 个别在理论上和法律上都承认加盟共和国分离权的国家，往往在政治实践中采取种种措施削弱加盟共和国的权力、加强国家统一建设。其代表性国家是苏联。

分离势力与母国展开层出不穷的斗争，斗争的方式既有武力的，也有和平的。随着民主观念不断深入人心，在所有的分离势力和母国之间的和平斗争方式中，对分离势力最有利的莫过于在分离势力所在地举行经母国政府首肯的分离公投。这不仅是因为代表制民主国家的国家机关不太可能做出与某一地方的法定多数居民的意志相左的决定，而且因为经母国首肯的脱离能被国际社会承认。

国际法不承认分离是单方面可以完成的，国际法承认主权国家政府具有对分离要求的处置权。[②] 因此，分离势力无不极力向母国政府争取在其所在地举行分离公投。当母国政府自觉无力约束地方分离势力时，其往往只能同意在分离势力所在地举行分离公投了。

（一）有法律依据的地方性分离公投

母国政府对举行地方分离公投的同意，基本上是以法律（包括宪法渊源）形式出现的。只要母国政府为某地方分离公投出台了许可性的法律，我们就可以说这样的地方分离公投是具有明确法律依据的公投。在全球范围内，从1846—2014年，获得了母国政府首肯的地方性分离公投共有23次，相关情况见表2-1。

表2-1　全球有法律依据的地方性分离公投一览（1846—2014年）

序号	公投年份	公投地区	公投结果	国际态度
1	1905	瑞典－挪威联盟解体公投	法定多数票赞成。实现独立	普遍承认

---

① See Susana Manicini, "Secession and self-determination," in Michel Rosenfeld, Andras Sajo, et al., *The Oxford Hand Book of Comparative Constitutional Law* (Oxford: Oxford University Press, 2013), pp. 481 –490.

② 参见王英津《自决权理论与公民投票》，北京九州出版社2007年版，第186、246页。

续表 2-1

序号	公投年份	公投地区	公投结果	国际态度
2	1918	冰岛	法定多数票赞成。实现独立	普遍承认
3	1945	外札萨克蒙古	法定多数票赞成。实现独立	普遍承认
4	1955	萨尔州	法定多数票赞成。实现独立	普遍承认
5	1980	西斯凯	法定多数票赞成。实现独立	普遍承认
6	1983	密克罗尼西亚联邦	法定多数票赞成。实现独立	普遍承认
7	1990	斯洛文尼亚	法定多数票赞成。实现独立	普遍承认
8	1991	乌兹别克斯坦等苏联内的 11 个成员国①	各自都是法定多数票赞成。各自实现独立	普遍承认
9	1993	厄立特里亚	法定多数票赞成。实现独立	普遍承认
10	1994	摩尔多瓦	法定多数票赞成。实现独立	普遍承认
11	1995	百慕大	赞成票未达到法定多数。未实现独立	普遍承认
12	1997	尼维斯	赞成票未达到法定多数。未实现独立	普遍承认
13	1999	东帝汶	法定多数票赞成。实现独立	普遍承认

① 它们是乌兹别克斯坦、土库曼斯坦、克罗地亚、马其顿、乌克兰、格鲁吉亚、亚美尼亚、阿塞拜疆、爱沙尼亚、拉脱维亚、立陶宛。

续表 2－1

序号	公投年份	公投地区	公投结果	国际态度
14	2000（1994）[1]	荷属安的列斯群岛的圣马丁岛	法定多数票赞成独立并加入荷兰王国	普遍承认
15	2000（1994）[2]	荷属安的列斯群岛的博内尔岛	法定多数票赞成独立并加入荷兰王国	普遍承认
16	2005（1993）[3]	荷属安的列斯群岛的库拉索岛	法定多数票赞成独立并加入荷兰王国	普遍承认
17	2006（1992）[4]	黑山	法定多数票赞成。实现独立	普遍承认
18	2011	南苏丹	法定多数票赞成。实现独立	普遍承认
19	2014	苏格兰	赞成票未达到法定多数。未实现独立	普遍承认

数据来源：左安磊：《独立公投、国家主权和国际法——理论基础及全球实践视角下独立公投的国际法检视》，载《时代法学》2014 年第 5 期，第 94－100 页。

注：1. 1994 年，圣马丁岛也举行过一次分离公投，但赞成圣马丁岛从安第列斯岛脱离的票没有达到法定多数。

2. 1994 年，博内尔岛也举行过一次分离公投，但赞成博内尔岛从安第列斯岛脱离的票没有达到法定多数。

3. 1993 年，库拉索岛也举行过一次分离公投，但赞成库拉索岛从安第列斯岛脱离的票没有达到法定多数。

4. 1992 年，黑山就是独立还是加入南斯拉夫举行过一次地区性公投，95.96% 的投票人选择联合组成南斯拉夫联盟共和国。

表 2－1 的数据显示了全球自 1864 年以来的有明确宪法法律依据的地方性分离公投的基本情况。这里有两个值得深思的现象：（1）在经母国政府首肯的地方分离公投中（共 23 次），使公投地区从母国脱离的公投共 20 次，占地方性分离公投中的绝大多数。而未使公投地区从母国脱离的公投仅 3 次，占地方性分离公投中的极少数。（2）在这极少数的没有使公投地区从母国脱离出去的地方分离公投中，70% 发生在英国。而且，

有意思的是，英国的地方性分离公投的结果都是不同意闹分离的地方从英国脱离。

（二）未得到国内法同意的地方性分离公投

除了有明确国内法依据的分离公投，还有没有得到国内法同意就举行的分离公投，它们的详细情况如下。

1933 年，西澳大利亚州在没有获得英国议会同意的情况下，即在没有明确宪法法律依据的情况下举行了分离公投。此次公投的结果是赞成票未达到法定比例，西澳大利亚州未实现独立。英国议会也拒绝承认这次公投。不仅如此，国际社会也普遍不承认西澳大利亚州的这次公投。

1946 年，法罗群岛在没有获得丹麦议会同意的情况下举行了分离公投。此次公投的结果是赞成票未达到法定多数，法罗群岛未实现独立。丹麦议会对这次公投也是拒绝承认的。不仅如此，国际社会也普遍不承认法罗群岛的这次公投。虽然法罗群岛公投的赞成票未达到法定比例，但在这次公投之后，法罗群岛依然发表独立声明。丹麦议会宣布不予承认这份独立声明，国际社会也普遍不承认。事后，丹麦议会赋予法罗群岛自治权利。

1992 年，波斯尼亚在没有获得南斯拉夫中央政府同意且在南斯拉夫宪法和法律都没有允许的情况下举行了分离公投。此次公投的结果是赞成票达到法定比例，但波斯尼亚并未获得明确的独立国家地位。国际社会中有些国家承认波斯尼亚的主权国家地位，但大多数国家不承认或未表态，所以波斯尼亚的独立主权国家地位处于模糊待定状态。

1980 年和 1995 年，魁北克在加拿大宪法和法律没有明确依据且未得到加拿大中央政府同意的情况下，分别举行了一次分离公投。这两次公投的结果均是赞成票未达到法定比例，魁北克也未实现独立。加拿大政府对魁北克的这两次公投的法律效力是持否定态度的，国际社会也普遍不承认魁北克公投的法律效力。

2005 年，伊拉克库德斯坦在没有获得伊拉克中央政府同意且在伊拉克宪法和法律都没有允许的情况下举行了分离公投。此次公投的结果是赞成票达到了法定比例。国际社会的有些国家承认波斯尼亚的主权国家地位，但大多数国家不承认或未表态，所以伊拉克库德斯坦的独立主权国家地位处于模糊待定状态。

2006 年，德涅斯特河沿岸共和国举行全国性的加入俄罗斯的公投，公投结果是 97% 以上的选民赞成独立成国并在独立成国后加入俄罗斯。该国的这次公投并没有国内法上的依据，俄罗斯也未表态是否同意德涅斯特河沿岸共和国的加入，因此这次公投是否获得国际社会的普遍承认还是未知的。

2006 年，南奥塞梯在无国内法依据的情况下举行独立建国公投。公投的赞成票虽然达到了法定比例，但是南奥塞梯没有获得独立主权国家的地位。

2008 年，巴斯克自治区在没有获得西班牙中央政府同意且没有西班牙宪法和法律依据的情况下试图举行分离公投，不过这次公投没有如期举行。

2011 年和 2014 年，西班牙加泰罗尼亚地区在没有获得西班牙中央政府同意且没有西班牙宪法和法律依据的情况下试图举行分离公投，不过这次公投没有如期举行。

二、自决公投的实践

自决（self-determination）和分离（secession）经常被混为一谈。自决是指受国际法保护的自决权主体独立为国际法上的国际人格者或自愿加入另一个国际人格者的活动。分离是指一个国家的一部分领土脱离出来而独立成为一个国家和国际人格者或者加入另一个国家和国际人格者的活动。分离主义者或分离势力就是那些赞同或参与分离运动的人。[①] 自决和分离有着本质区别。从其法律性质看，国际法保护自决行为、承认自决权，但是不承认分离权。以公投的方式解决独立诉求或分离诉求并非现代法律制度的首创，而是已经有 170 年的实践历史了。1846—2014 年，全球范围的领土争端中，有 62 个国家或地区选择了公投作为解决争端的环

---

① 参见［英］劳特派特修订《奥本海国际法》上卷第一分册，石蒂、陈健译，商务印书馆 1971 年版，第 130 页。《牛津高阶英汉双解词典》（第六版）对 secession 的解释是 "the fact that an area or group becoming independent from the country or larger group that it belongs to"。《牛津高阶英汉双解词典》（第六版），商务印书馆、牛津大学出版社 2004 年版，第 1566 页。

节之一，这些领土主权归属公投中有 30 次是自决公投。① 1864—2014 年全球范围内的民族自决公投一览见表 2-2。

表 2-2　全球的民族自决公投一览（1846—2014 年）

序号	公投举行年份	公投国家/地区	公投是否有明确法律依据	公投赞成票是否达到法定多数	国际社会是否承认公投地的独立地位
1	1846	利比里亚	有	达到	普遍承认
2	1853	马里兰	有	达到	普遍承认
3	1945	柬埔寨	有	达到。但并未立刻实现独立，而是在 1953 年才宣布独立	于 1953 年普遍承认
4	1958	几内亚	有	达到	普遍承认
5	1961	西萨摩亚	有	达到	普遍承认
6	1964	马耳他	有	达到	普遍承认
7	1964	津巴布韦（南罗得西亚）	有	达到	其独立地位在 1980 年得到英国承认后才得到国际社会普遍承认
8	1967	法属索马里（吉布提）	有	未达到。继续维持其法国海外领地的地位	不承认
9	1970	巴林	有	达到	普遍承认

————————————

① 参见左安磊《独立公投、国家主权和国际法——理论基础及全球实践视角下独立公投的国际法检视》，载《时代法学》2014 年第 5 期，第 90 页。

续表 2 - 2

序号	公投举行年份	公投国家/地区	公投是否有明确法律依据	公投赞成票是否达到法定多数	国际社会是否承认公投地的独立地位
10	1975（1958、1961、1963、1969）[1]	北马里亚纳群岛	有	达到	普遍承认
11	1977	吉布提	有	达到	普遍承认
12	1977	荷属安的列斯群岛的阿鲁巴	有	达到	公投后双方协议废止公投结果，仍属荷兰王国
13	1982（1976）[2]	关岛	有	未达到	不承认
14	1983	马绍尔群岛	有	达到。且与美国协议后成为美国自由联邦	普遍承认
15	1993	帕劳群岛	有	达到。且与美国协议后成为美国自由联邦	普遍承认
16	1993	美属维尔京群岛	有	投票人数未达到法定比例，投票结果自始无效	因公投投票人数未达到法定多数，故不存在国际社会承认的环节
17	2000（1994）[3]	荷属安的列斯群岛的圣马丁岛	有	达到	普遍承认

续表 2 - 2

序号	公投举行年份	公投国家/地区	公投是否有明确法律依据	公投赞成票是否达到法定多数	国际社会是否承认公投地的独立地位
18	2004[4]	荷属安的列斯群岛的博内尔岛	有	达到	普遍承认
19	2005 (1993)[5]	荷属安的列斯群岛的库拉索岛	有	达到	普遍承认
20	2007 (2006)[6]	托克劳	有	未达到	因公投赞成票未达到法定多数，故不存在国家社会承认的环节
21	2013 (1986)[7]	福克兰群岛（马尔维纳斯群岛）	无	达到	不承认

数据来源：左安磊：《独立公投、国家主权与国际法——理论基础及全球实践视角下独立公投的国际法检视》，载《时代法学》，2014 年第 5 期，第 94 - 100 页。

注：1. 1958、1961、1963 和 1969 年，北马里亚纳群岛都举行过独立公投，但公投赞成票未达到法定多数。

2. 1976 年，关岛也举行过公投，但公投赞成票未达到法定多数。

3. 1994 年，荷属安的列斯群岛的圣马丁岛举行过公投，但公投赞成票未达到法定多数。

4. 1994 年，荷属安的列斯群岛的博内尔岛举行过公投，但公投赞成票未达到法定多数。

5. 1993 年，荷属安的列斯群岛的库拉索岛举行过公投，但公投赞成票未达到法定多数。

6. 2006 年，托克劳举行过公投，但公投赞成票未达到法定多数。

7. 1986 年，福克兰群岛（马尔维纳斯群岛）举行过公投，但公投赞成票未达到法定多数。

三、中国宪法禁止分离，也不承认公投制度

中华人民共和国自成立以来饱受分离主义之苦，有些地方仍存在分离势力。这些分离势力有的还提出举行地方性分离公投的要求。而我国现行

宪法和法律明文禁止地方分离。《中华人民共和国宪法》序言规定：

> 台湾是中华人民共和国的神圣领土的一部分。完成统一祖国的大业是包括台湾同胞在内的全中国人民的神圣职责。
>
> 社会主义的建设事业必须依靠工人、农民和知识分子，团结一切可以团结的力量。在长期的革命、建设、改革过程中，已经结成由中国共产党领导的，有各民主党派和各人民团体参加的，包括全体社会主义劳动者、社会主义事业的建设者、拥护社会主义的爱国者、拥护祖国统一和致力于中华民族伟大复兴的爱国者的广泛的爱国统一战线，这个统第一次世界大战线将继续巩固和发展。中国人民政治协商会议是有广泛代表性的统一战线组织，过去发挥了重要的历史作用，今后在国家政治生活、社会生活和对外友好活动中，在进行社会主义现代化建设、维护国家的统一和团结的斗争中，将进一步发挥它的重要作用。中国共产党领导的多党合作和政治协商制度将长期存在和发展。
>
> 中华人民共和国是全国各族人民共同缔造的统一的多民族国家。平等团结互助和谐的社会主义民族关系已经确立，并将继续加强。在维护民族团结的斗争中，要反对大民族主义，主要是大汉族主义，也要反对地方民族主义。国家尽一切努力，促进全国各民族的共同繁荣。

我国是统一的多民族国家，《中华人民共和国宪法》第四条第一款规定：

> 中华人民共和国各民族一律平等。国家保障各少数民族的合法的权利和利益，维护和发展各民族的平等团结互助和谐关系。禁止对任何民族的歧视和压迫，禁止破坏民族团结和制造民族分裂的行为。

《中华人民共和国宪法》第五十二条规定：

> 中华人民共和国公民有维护国家统一和全国各民族团结的义务。

《中华人民共和国民族区域自治法》也规定，禁止破坏民族团结、制造民族分裂的行为。此外，2005 年，全国人民代表大会公布施行《反分裂国家法》，该法规定：

　　第一条　为了反对和遏制"台独"分裂势力分裂国家，促进祖国和平统一，维护台湾海峡地区和平稳定，维护国家主权和领土完整，维护中华民族的根本利益，根据宪法，制定本法。
　　第二条　世界上只有一个中国，大陆和台湾同属一个中国，中国的主权和领土完整不容分割。维护国家主权和领土完整是包括台湾同胞在内的全中国人民的共同义务。台湾是中国的一部分。国家绝不允许"台独"分裂势力以任何名义、任何方式把台湾从中国分裂出去。
　　第三条　台湾问题是中国内战的遗留问题。解决台湾问题，实现祖国统一，是中国的内部事务，不受任何外国势力的干涉。
　　第四条　完成统一祖国的大业是包括台湾同胞在内的全中国人民的神圣职责。

我国现行宪法和法律关于国家统一的这些规定无一不在表明，我国实行的是单一制的国家结构形式，国家的任何地域都是国家不可分离的组成部分。我国单一制下的民族自治制度和特别行政区制度，是单一制下的地方自治。这种地方自治权来自中央的授予，与联邦制国家的联邦成员在一定条件下可以退出联邦是有着根本区别的。"不可分离"是指不论是民族自治区、特别行政区还是任何一个地方行政区域，在任何情况下都没有退出中华人民共和国的权力。

第三节　英国的公投实践和立法

在 19 世纪末期以前，戴雪一直反对在英国宪法中引入公投制度。1921 年的《爱尔兰自治法》（*An Act for Irish Home Rule*，1921）的通过让戴雪呼吁英国应尽快引入公投制度。英国第一次公投实践发生在 1973 年，之后还有多次全国范围的或地方范围的公投，并且建立了一些与公投有关的立法。英国公投的事项大多是领土争端或权力下放或与欧盟的关系之类的实质性问题。下面详细介绍之。

一、英国的公投实践

公投被引入英国的时间相对来说比较晚，这或许与戴雪有一定的关系。作为明确指出英国是议会主权国家的著名宪法学家之一，戴雪在19世纪中期强烈反对英国引入公民复决制度。但是到了19世纪末，戴雪转而倡议将之引入英国的代表制。戴雪对公投态度的根本变化与爱尔兰的完全自治有直接关系。1920年，英国议会同意爱尔兰自治时，英国议会上议院已经对英国下议院失去了实质性的制衡能力。当时，英国议会下议院是英国议会中最有决定力量的部分。1921年的《爱尔兰自治法》正是英国议会下议院主导通过的，是一部关系整个英国是否解体的法案。这部法案出台之后，英国从"大不列颠与爱尔兰联合王国"变成了"大不列颠与北爱尔兰联合王国"。此后，戴雪反思英国宪法发展到20世纪初期时存在着巨大缺陷，那就是英国缺乏强有力的制约英国下议院的力量。为了弥补这个巨大的宪制缺陷，戴雪强烈建议英国应引入公投制度。

如果不是因为第一次世界大战爆发，英国的第一次公投或许就发生在1914年。那年，《爱尔兰地方自治法案草案》得到了英国议会的批准并成为正式法令。但由于第一次世界大战爆发，就在英国议会通过1914年《爱尔兰地方自治法案》的当天，英国议会通过中止《爱尔兰地方自治法案》施行的《中止法案》。① 虽然《爱尔兰地方自治法案》被中止，但经过埃利班克勋爵莫里在1914年7月份的调停，英国内阁提出必须在北爱尔兰地区举行公投，如果公投的结果是让北爱尔兰地区从爱尔兰脱离，那就让南爱尔兰地区实行自治。事后，英国内阁关于在北爱尔兰地区举行公投的决定也因为第一次世界的爆发而未得到实施。

英国历史上第一次公投实践发生在1973年。这一年，英国政府在北爱尔兰地区就"北爱尔兰留在英国还是加入爱尔兰共和国？"这个问题举行了地区性的全民公投。此次公投的投票率为59%，有98%的投票人支持北爱尔兰继续留在英国，有2%的人支持北爱尔兰加入爱尔兰共和国。有了第一次公投实践，英国宪法算是正式引入了公投制度。自此以后，公

---

① 参见［英］A. V. 戴雪《英国宪法研究导论》，何永红译，商务印书馆2020年版，第11-12页。

投实践在英国多起来了。

英国的第二次公投发生在 1975 年。1973 年 1 月 1 日，英国加入欧共体，积极融入欧洲。对英国人来说，加入欧共体带来的最大争议是英国是否还能保持议会主权。对于英国是否应加入欧共体，当时执政的英国工党内部出现了严重分歧，于是由工党主导的英国议会将此问题抛给了民众，同意 1975 年在全英国范围内举行一次公投。此次公投的投票率是 65%，参与投票的人中有 65% 支持英国加入欧共体，其余 35% 的选民反对英国加入欧共体。在这次公投前，英国人开始讨论英国议会受不受公投结果的约束。如果议会是主权者，那么，议会就应该无所不能，不受公投结果的约束。也就是说，如果按照议会主权，英国议会可以选择接受公投结果，也可以选择忽视公投结果。从议会主权的观点看，英国政府认为 1975 年的这场全国性公投只是一次具有咨询意义的公投（也就是建议性公投），而不是一场具有决断意义的公投（也就是决议性公投）。而且英国政府认为 1975 年的这次公投不具有先例作用，即不意味着未来遇到类似的议题一定要交付公民投票。虽然英国政府是这样看待 1975 年公投的，但 1975 年公投还是成了更多英国公投的先声。

1979 年，英国境内举行了历史上的第三次公投。那年，英国政府在苏格兰地区和威尔士地区就是否应实施 1978 年的苏格兰法和威尔士法举行了地区性的公投。这两部法案规定，英国中央将部分权力分别下放给苏格兰地区和威尔士地区，在苏格兰地区和威尔士地区分别成立地方性的自治会议。但是在这次公投中两个地区选民的赞成票都没有达到法定多数。苏格兰公投的投票率是 63%，有 52% 的投票人反对权力下放苏格兰，有 48% 的投票人赞成权力下放苏格兰。在威尔士公投中，投票率为 58%，参与投票的人有 80% 反对权力下放威尔士，有 20% 的投票人支持权力下放威尔士。

1979 年的这场投票是一场戴雪所赞成的那类公投。戴雪主张的公投是后置式公投。所谓后置式公投是指就议会已经通过的议案举行公投，议会已经通过的议案中规定议案的生效条件是公投的举行和公投的赞成票达到法定多数。与后置式公投相对的是前置式公投。前置式公投是在议会通过包含了细则性规定的议案之前，将议案所涉的根本问题交给选民公投：如果公投结果是赞同被提交的议题，议会就会启动包含细则性规定的议案的审议程序；如果公投结果是反对被提交的议案，议会就不启动包含细则的议案的审议程序。1979 年的苏格兰公投和威尔士公投的结果是反对英国中央政府的议题。这让英国当时的执政党觉得自己辛辛苦苦出台了一部包含着细则的议案，却被后置式公投否决了。如果未来的公投都是后置式的，那将是对英国立法资源的一种浪费。① 从这以后，英国再也没有举行过后置式公投，即使举行公投也是举行前置式公投。

英国已经举行的公投历程②如下：

1973 年，就"北爱尔兰留在英国还是加入爱尔兰共和国"举行北爱尔兰地区全民公投。本次公投投票率为 59%。其中，98% 的投票人支持北爱尔兰继续归属英国，2% 的投票人支持北爱尔兰加入爱尔兰共和国。

1975 年，就"你认为英国应该继续作为欧共体成员国（共同市场）吗?"举行全英国范围内的全民公投。本次公投投票率为 65%。其中，65% 的投票人选"是"，35% 的投票人选"否"。

1979 年，就"应当实施《1978 年苏格兰法》吗?"举行苏格兰地区全民公投。本次公投投票率为 63%。其中，52% 的投票人选"是"（占全体选民的 33%），48% 的投票人选"否"。

1979 年，就"应当实施《1978 年威尔士法》吗?"举行威尔士地区全民公投。本次公投投票率为 58%。其中，20% 的投票人选"是"，80% 的投票人选"否"。

1997 年，同时就两个问题举行苏格兰地区全民公投。本次公投投票率为 67%：（1）就"应当设立苏格兰议会吗?"问题，74% 的投票人选"是"，26% 的投票人选"否"；（2）就"应给与苏格兰议会有限的征税权吗?"问题，64% 的投票人选"是"，36% 的投票人选"否"。

1997 年，就"应否设立威尔士国民会议?"举行威尔士地区全民公投。本次公投投票率为 50%。其中，50.3% 的投票人选"是"，49.7% 的投票人选"否"。

---

① 参见［英］韦农·波格丹诺《新英国宪法》，李松锋译，法律出版社 2014 年版，第 233 – 234 页。

② ［英］韦农·波格丹诺：《新英国宪法》，李松锋译，法律出版社 2014 年版，第 236 页。

1997 年，就"政府应提议设立大伦敦市，直选市长和市议会吗？"举行伦敦地区全民公投。本次公投投票率为 34%。其中，72% 的投票人选"是"，28% 的投票人选"否"。

1998 年，就"是否支持《贝尔法斯特协议》？"举行北爱尔地区全民公投。本次公投投票率为 80%。其中，71% 的投票人选"是"，29% 的投票人选"否"。

2004 年，就"是否设立东北地区人民大会？"举行东北地区全民公投。本次公投投票率为 48%。其中，22% 的投票人选"是"，78% 的投票人选"否"。

2014 年，就"苏格兰应否成为一个独立国家？"举行苏格兰地区全民公投。本次公投投票率为 84.5%。其中，45% 的投票人选"是"，55% 的投票人选"否"。

2016 年，就"英国应否退出欧盟？"举行全国性全民公投。本次公投投票率为 72.2%。其中，51.89% 的投票人支持脱欧，48.11% 的投票人反对脱欧。

二、英国的公投立法

1976 年，英国工党政府推动英国议会将权力下放给苏格兰和威尔士，而不少后座议员反对权力下放。苏格兰民族主义者要求举行权力下放全民公投，想拿公投结果向英国政府施压。英国工党政府为了增大其所提交的苏格兰议案和威尔士议案的通过率，在两个议案中分别增加了同意举行全民公投的修正案。可是，这两个议案并未得到英国议会的通过。1977—1978 年议会会期中，内阁再度向议会提出权力下放的苏格兰议案和威尔士议案。这一次，在 1978 年 1 月 25 日，南伊斯灵顿和芬斯伯里的英国工党议员、移居苏格兰的乔治·康尼翰（George Cunningham）提出要求：除非提交给英国议会的苏格兰法案的议案和威尔士法案的议案通过全民公投得到 40% 选民——同时也是投票中的多数选民——的支持，否则议案应被废除。① 虽然英国内阁极力反对这项举行全民公投的提案，英国议会下议院还是通过了康尼翰修正案，并将康尼翰修正案并入刚刚通过的《1978年苏格兰法》（Scotland Act 1978）和《1978年威尔士法》（Wales Act 1978）。1978年，《1978年苏格兰法》和《1978年威尔士法》获得御准。1979年3月1日，按照《1978年苏格兰法》和《1978年威尔士法》举行了苏格兰全民公投和威尔士全民公投，两个全民公投的结果都没有达到法定最低标准。《1978年苏格兰法》和《1978年威尔士法》中规定，如果全民公投没通过，英国议会下议院将撤销这两个法案。全民公投四周后，英国工党政府因没有得到议会的信任票而辞职。英国保守党的玛格丽特·撒切尔领导的内阁执政后，英国议会下议院于1979年7月26日才撤销《1978年苏格兰法》和《1978年威尔士法》。②

> 权力下放不仅影响苏格兰和威尔士，也会影响到英格兰。如果来自权力下放地区的压力导致以牺牲英格兰权益为代价，让资金流入苏格兰和威尔士，那么，对英格兰极为不利。权力下放改变了整个英国宪法，而不仅仅是改变苏格兰和威尔士的治理方式。③

英国下议院认为，从严格的逻辑上看，在权力下放的问题上，英格兰选民与苏格兰和威尔士选民享有同等的投票权，但是如果举行全国范围的全民公投，即使苏格兰人和威尔士人同意，也有可能因不少英格兰人反对而无法获得通过，权力下放的整个目的就会受挫。因此，英格兰议员占多数的平民院为了维持联合王国各个地区之间的良好关系，宣布放弃英格兰选区的权利、保持自治。既然是英格兰选区自动放弃全民公投的权利，那或许可以将苏格兰地区全民公投和威尔士地区全民公投视为全国性的全民公投。④

---

① 该议员之所以提出40%的条件，就是为了看这种程度的民意是否存在。如果投票率比较高——譬如说80%——那么有50%的投票人投支持票，就满足这个条件。如果投票率是70%，就需要有57%的人投支持票。如果投票率是60%，就需要有67%的人投支持票。

② Scotland Act 1978（Repeal），HC Deb, 20 June 1979, vol. 968, pp. 1327 – 1462. 转引自［英］韦农·波格丹诺《新英国宪法》，李松锋译，法律出版社2014年版，第243页。

③ 参见［英］韦农·波格丹诺《新英国宪法》，李松锋译，法律出版社2014年版，第244页。

④ 参见［英］韦农·波格丹诺《新英国宪法》，李松锋译，法律出版社2014年版，第244页。

《1978 年苏格兰法》和《1978 年威尔士法》是议会按照普通立法程序予以通过的法律。两部法律规定了正式生效的条件是全民公投达标，若全民公投结果不达标，《1978 年苏格兰法》和《1978 年威尔士法》两部法律则不能生效。这两次全民公投属于典型的复决型全民公投，是真正意义上的公民复决，是为批准立法机关的决议而举行的全民公投。公民复决的整个过程是先由一个负责确定草案的协商机关作出决议，然后将决议提交给投票权人予以批准，由此而形成法律。①

苏格兰和威尔士两个地区于 1979 年分别举行权力下放全民公投后近20 年，英国再没举行过全民公投。1997 年，英国工党重返政坛。因为英国议会下议院多数议员来自英格兰选区，如果权力下放到苏格兰和威尔士，这对英格兰并没有好处，所以工党领导人、时任首相托尼·布莱尔（Tony Blair）意识到通过平民院推动权力下放改革之艰难。加上 1979 年的权力下放全民公投否决了当时英国议会已经通过的权力下放法案，使工党在权力下放上前功尽弃，甚至失去议会信任。为了防止再次出现这样的局面，1997 年的工党政府决定在向议会递交权力下放法案之前举行地区性全民公投。1997 年苏格兰权力下放全民公投的投票率达到法定多数，英国议会随后通过权力下放的《1998 年苏格兰法》。《1998 年苏格兰法》授予苏格兰议会较大的立法权，但也保留了英国议会对苏格兰一切事务的立法权。英国议会是 1998 年这场权力下放变革的决断者。

值得一提的是，1996 年，英国全民公投特别委员会认为如果全民公投成为经常性事件，则应通过一部一般性的《公投法》以节约议会时间，但是议会并没有采纳这种建议。

时至今日，英国已经在不同的环境下举行了不同的全民公投，也建立了多部与公投有关的法律。例如，1998 年，英国与爱尔兰共和国签订了解决北爱尔兰问题的国际条约——《贝尔法斯特协议》（The Belfast Agreement：An Agreement Reached at the Multi-Party Talks on Northern Ireland, 1998），该协议得到了英国议会的批准。根据《1998 年贝尔法斯特协议》，未经北爱尔兰人民在边界公投中表示同意，北爱尔兰将永久属于英国。英国议会根据《贝尔法斯特协议》出台了《1998 年北爱尔兰法》（Northern Ireland Act 1998）。《1998 年北爱尔兰法》规定，北爱尔兰从英国脱离之前

---

① 参见［德］卡尔·施米特《宪法学说》，刘锋译，上海人民出版社 2001 年版，第 280 页。

应举行地区全民公投，这是英国首次以议会法案的方式明确将地区性公投用于国家内部部分地区的分离问题上。此外，《2003 年地区性人民会议筹备法》［Regional Assemblies（Preparation）Act 2003］规定在英格兰设立任何地区性人民会议之前都应举行地区性全民公投。《2006 年威尔士政府法》（Government of Wales Act 2006）授予威尔士国民会议一级立法权。

从英国全民公投的实践和立法来看，英国公投具有以下特点：全民公投事项包括地方分离、中央和地方权力分配、英国与欧盟的关系这三大问题，只有涉及英国加入或脱离欧盟的问题举行了全国性全民公投，其他事项举行的都是地区性全民公投。除了全国级别的全民公投，英国还有地区一级的全民公投——权力下放全民公投和地区分离全民公投。权力下放的地区全民公投又分为前置性的权力下放地区全民公投和后置性的权力下放地区全民公投两种类型。前置性全民公投，即在议案提交到议会议决之前举行全民公投；后置性全民公投，是在议案获得议会通过之后举行全民公投。也就是说，权力下放的地区性全民公投既有立法之前的全民公投，也有立法之后的全民公投。英国已有的后置性全民公投是 1979 年苏格兰权力下放全民公投和威尔士权力下放全民公投。

英国已经举行的两次全国性全民公投都是关乎英国和欧盟关系的。①有人认为如果全民公投事务超越了国家内部而与国外的主体发生关联，英国议会就不具有至高的主权地位，有决定权的只能是全国全民公投。②依据这种观点，只要涉及英国与欧盟关系的，就必须举行全国性公投。这种观点在当时就遭到了反对。1975 年就"英国是否应继续留在欧共体？"举行全国公投，全民公投结果是英国继续留在欧共体。但是 1981 年英国工党的托尼·本恩（Tony Benn）在召开党内大会时承诺工党将不再举行全民公投而直接带领英国退出欧共体——这还成了 1983 年工党竞选时的主要政策。显然，在英国一些议员心中，即使是关于英国和欧盟关系的问题

---

① 第一次是 1975 年关于"英国是否应继续留在欧共体？"，第二次是 2016 年关于"英国是否应退出欧盟？"。

② 例如，1975 年一位新晋内阁大臣认为："我已经明确表示，在我看来以及在政府眼中，我们作为欧洲经济共同体成员资格的宪法重要性与其他问题截然不同。它不仅更加重要，而且属于不同的秩序规则。没有，也不可能有，任何问题能与之完全一致。这也是我们为什么说这个问题是唯一的例外，不能依据我们通常运作的议会制民主来解决。"［英］韦农·波格丹诺：《新英国宪法》，李松锋译，法律出版社 2014 年版，第 241 页。

也不一定要举行全民公投。

2014 年苏格兰分离公投后，苏格兰分离主义者俨然已将发动苏格兰分离公投视为达成其分离目的的主要和平手段，举行苏格兰分离公投似乎也成了苏格兰通往分离的关键性步骤。例如，苏格兰分离势力曾于 2017 年英国与欧盟商谈脱欧一事的时候向苏格兰议会提起了举行苏格兰分离公投的议案。此议案在苏格兰议会中获得通过，后因未获得英国政府批准而未能实施第二次苏格兰分离公投。在 2014 年苏格兰分离公投后，苏格兰分离势力提出的再度举行苏格兰分离公投的要求没有得到英国政府的首肯。

第三章 分离公投合法性问题的分析原理

合法性包括实体合法性和程序合法性，也包括国际法层面的合法性和国内法层面的合法性。分离、民族自决与独立是实践中常常被混为一谈的概念，它们的确在表现形式上有一定的相似性，但实际上其在性质上是完全不同的。要探讨分离公投的合法性问题，首先要解决的便是分离与民族自决、与独立的区别，然后从国际法、国内法层面分析分离公投的合法性。鉴于分离在国际法上不被认为是一项权利，国际社会也普遍认为地方能否分离应由母国政府决定，故本章将分离公投的合法性问题界定为各国的内政问题。领土纷争是公投的议题之一，公投是否具有合法性，要看公投在举行之前是否得到了母国法律的许可；而公投的结果是否具有决断力，又得看公投中是否出现了人民的喝彩。

第一节 分离公投合法与否属于内政问题

独立、民族自决和分离在表现形式上有很多相似之处。事实上，在法律性质上，它们是不同的。国际法并不处理分离事务，分离公投完全属于国家的内政。

一、独立、民族自决与分离的区别与联系

"独立"在英文中是 independence 一词。在《布莱克法律词典》（第五版）中，"独立"（independence）是指脱离依附、服从、受控的状态从而实现完全自主。政治独立则有特定的主体，它是指一个民族（nation）

或一个国家（state）具有完全自主或完全不受任何外力管治的特性。① na-
tion 是有共同的种族来源、共同的生理特征、共同的习俗、共同的语言和
共同的历史传承的自然人的集合体。这种集合体通常但不必然生活在同一
片特定的土地、主权和政府之下。② 也就是说，nation 是人类学意义上的
民族，不以政治行动力为其构成要素。《布莱克法律词典》（第五版）将
state 一词解释为有定居的居民、确定的领土、政府和主权四大要素的组
织。③ 自 1648 年威斯特伐利亚和约以来，包含定居的居民、确定的领土、
政府和主权四大要素的组织就是国际法上的国家。不难看出，"独立" 作
为名词时，指处于国际法上的国际人格者的状态；作为动词时，其主体是
人类学意义上的民族或国际法意义上的国家。由此，"the Scottish inde-
pendence referendum" 是指使苏格兰成为国际法上的国际人格者的公民
投票。

民族自决权（self-determination）是由政治哲学中的 "自决权" 这一
概念发展而来的。在两次世界大战期间，尤其是第二次世界大战后，国际
社会广大被压迫的或被殖民的地区和民族热烈讨论要反抗殖民统治、压
迫，于是提出了民族自决权一说，并使民族自决权成了国际法上的一条基
本权利。这项基本权利有的时候被简称为 "自决权"，行使民族自决权的
行为又被称为 "搞民族自决"。国际法上民族自决权的主体仅是各殖民

---

① 原文是 "Independence is the state or condition of being free from dependence, subjection, or
control. Political independence is the attribute of a nation or state which is entirely autonomous, and not
subject to the government, control, or dictation of any exterior power."。See Henry Campbell Black,
Black's Law Dictionary (fifth edition) (St. Paul: St. Paul Minn. West Publishing Co., 1979), p. 693.

② 原文是 "Nation is a people, or aggregation of men, existing in the form of an organized jural
society, usually inhabiting a distinct portion of the earth, speaking the same language, using the same
customs, possessing historic continuity, and distinguished from other like groups by their radical origin
and characteristics, and, generally but not necessarily, living under the same government and sovereign-
ty."。See Henry Campbell Black, *Black's Law Dictionary* (fifth edition) (St. Paul: St. Paul Minn. West
Publishing Co., 1979), p. 923.

③ 原文是 "A people permanently occupying a fixed territory bound together by common-law habits
and custom into one body politic exercising, through the medium of an organized government, independent
sovereignty and control over all persons and things within its boundaries, capable of making war and peace
and of entering into international relations with other communities of the globe."。See Henry Campbell
Black, *Black's Law Dictionary* (fifth edition) (St. Paul: St. Paul Minn. West Publishing Co., 1979),
p. 1262.

地、托管地、附属地和军事占领地的人民，并不包括其他地区的原住民。殖民地、托管地、附属地和军事占领地等之外的其他地区的"闹独立"活动，在国际法中被称为"分离运动"。随着受殖民压迫或军事占领的地区纷纷实现独立建国，国际法上的民族自决热潮也逐渐冷却下来。苏联解体时以及冷战结束后，"地区闹独立"出现了从国际法上的权利和概念向国内法问题转变的趋势，民族自决权重新以政治哲学领域的"自决权"身份获得关注。

分离（secession）是指某个国家的一部分领土脱离出来而独立成为某一个国家和国际人格者或者加入另一个国家和国际人格者。分离主义（secessionism）又叫"分离运动"，是指使一国的一部分从该国脱离出去的活动的总和。赞同或参与分离运动的人被称为"分离主义者"或"分离势力"。①

国际法上常常将民族自决称为"独立"。这是从民族自决的结果的角度来解读的。如国内著名的国际法教授王英津称："独立是指国际关系中不依附其他任何政治实体，通常特指包括殖民地在内的非自治领土、托管地领土以及其附属领土实现自主。"② 本书认为，在独立、分离和民族自决的关系上，独立更偏向从静态、结果的角度形容一个地区的政治状态，而且独立往往表明一个地区成了国际人格者。分离和民族自决则偏向从动态、过程的角度描述一个群体、一个地区的政治行为。任何一个地区要想实现独立，要么通过分离，要么通过民族自决。

现实中，人们常常使用"国际法上的分离权"这个词，这是一种典型的混同分离与民族自决权的提法。国际法上并不存在承认分离权的规范。③ 最擅长将"分离"和"自决"混为一谈的莫过于分离主义者了。他们故意将"分离"等同于在国际法上性质中立的"民族自决权"，从而

---

① 参见［英］劳特派特修订《奥本海国际法》上卷第一分册，石蒂、陈健译，商务印书馆 1971 年版，第 130 页。《牛津高阶英汉双解词典》（第六版）对 secession 的解释是 "the fact that an area or group becoming independent from the country or larger group that it belongs to"。《牛津高阶英汉双解词典》（第六版），商务印书馆、牛津大学出版社 2004 年版，第 1566 页。

② 参见王英津《有关"分离权"问题的法理分析》，载《国际关系理论》2011 年第 12 期，第 25 页。

③ 参见王英津《有关"分离权"问题的法理分析》，载《国际关系理论》2011 年第 12 期，第 19 页。

造成大众的误解。久而久之，如果不了解独立、分离、民族自决权的历史源流，就容易误认为国际法上存在分离权。日常生活中用汉语说某国一部分地区"闹独立"，实际上是"闹分离"。① "自决只限于公认的殖民地领土范围之内，任何想扩大这个范围的尝试都从未成功过，而且联合国总是极力反对任何旨在部分或全面分裂一个国家的团结和破坏其领土完整的企图。"②

二、国际法不处理分离公投的合法性问题

从行为所合乎的法律是国内法还是国际法的角度看，合法性可分为国内法层面的合法性和国际法层面的合法性。

分离主义者常常援引自决权作为其主张的合法性基础，这种做法是不符合国际法的。分离公投的合法性问题一定是国内法层面的问题，而非国际法层面的问题。前文已经提到，分离是不被国际法认可的，而自决是国际法上的合法行为。为何分离在国际法上不受保护而民族自决却受到国际法保护？这是因为民族自决不会危及主权国家的主权以及以主权国家为单元组成的国际社会，而分离主义却会危及主权国家的主权和国际社会的安定。从殖民地和其他被压迫民族的角度看，这些地区曾经是独立的主权国家或者曾是某个独立主权国家的一部分，正是帝国主义的侵略和武力殖民统治，才使得它们处于被压迫、被奴役的地位。殖民地、军事占领地、附属地的独立，或者说行使民族自决权，是为了终结被压迫、被奴役的状态。这些地区如果独立建国，不仅没有损害宗主国的主权，也没有撼动国际法的尊重国家主权原则，反而捍卫了国际正义和人道主义。而分离主义则与之不同。闹分离的地区往往不受奴役，也不受压迫。分离主义会危及国家主权以及当前以主权国家为单位组成的国际秩序。对母国而言，地方脱离具有毁灭性，因为地方分离会使母国解体。此时，母国的名字也许还能被保留下来，但是即使保留了国名，继承这个国名的已经是另一个政治实体了，原先使用这个国名的那个政治实体已经消亡。例如，1921 年爱

---

① 参见白桂梅《国际法上的自决》，中国华侨出版社 1999 年版，第 182 页。

② See Malcolm N. Show, *International Law*, second edition（Cambridge：Cambridge University Press，1998），p.110.

尔兰从英国脱离后，"大不列颠与爱尔兰联合王国"就不复存在了。

第二次世界大战后，大量亚非拉美的殖民地半殖民地纷纷主张民族自决权，并获得独立，成为新兴民族国家。冷战结束后，国际法以及国际社会已经将分离运动完全视为主权国家的内政问题。歪曲和滥用民族自决原则、支持他国内部的分离主义相当于干涉他国内政，是对国际法上的"尊重他国领土完整与主权"原则的背离。① 国际法上的法律文件明确表示不支持分离行为。联合国有两个针对民族自决运动和分离运动的重要决议，分别是《1960 年殖民地国家和人民独立宣言》和《1970 年国际法原则宣言》。这两份宣言重申了民族自决权原则只适用于仍在托管的前殖民地和没有形成原住民自治政府的领土，还强调了只有在三种情况下可以支持民族自决：一是殖民主义统治，二是外国占领和强加的政治统治，三是种族主义政权。此外，宣言申明了并不鼓励现存主权国家内部少数民族的分离诉求。②

国际社会一般不接受单方面用诸如武力等极端方式实现分离。如果要求分离的一方通过赢得战争而实现分离，并且在分离地区建立了有效统治，或当事国在事实上处于解体状态，国际社会在当事国承认既成事实的前提下，最后可能接受新成立的国家。无论如何，当事国政府（或者说母国政府）的现实状况和明确态度至关重要。如果母国政府不接受新独立的政治实体、拒绝承认分离地区的分离具有合法性，联合国也不会接受新独立的政治实体为正式成员国。但是，如果母国承认分离地区的独立，那么联合国一般会跟着承认新独立的那个国家。例如，19 世纪 70 年代，东巴基斯坦从巴基斯坦分离出来，建立了独立的孟加拉国。只有印度与不丹给予孟加拉国正式的国家承认。联合国对此采取不干涉态度，不承认孟加拉国的独立属于民族自决的范围，并在相当长时间内拒绝承认新独立的孟加拉国。1974 年 2 月，巴基斯坦政府公开承认独立的孟加拉国。随后，联合国才接受孟加拉国为正式成员国。

虽然国际法上无分离权，但是在国际实践中，在特定的情况下，分离

---

① Vernon van Dyke, *Human Rights, the United States, and the World Community* (New York: Oxford University Press, 1970), p. 107. 转引自王英津《有关"分离权"问题的法理分析》，载《国际关系理论》2011 年第 12 期，第 26 页。

② 参见王铁崖、田如萱编《国际法资料选编》，法律出版社 1982 年版，第 8 - 11 页。

地区独立成国是不需要母国中央政府的认可且能得到国际社会的接纳的，即当母国中央政府存在歧视性统治（准殖民地状态）和集体性屠杀的事实，或者存在强行推行种族同化和文化灭绝政策时。国际社会将这种特定情况下的分离视为一种特殊的救济权，这一政策从根本上说是基于人道主义理念的。例如，1917年阿兰群岛的居民要求脱离芬兰、加入瑞典，这一要求遭到了芬兰政府的断然拒绝，阿兰群岛人于是将案件提交到国际联盟。国际联盟理事会委任三名法学家组成的委员会认为，只有在当事国中央政府已经对欲分离地区施加了不人道统治，并且当事国不能或不愿对欲分离地区实施公正和有效保护的情况下，分离才能成为例外的、最终的解决之道。这种情况下的分离权，并非民族自决权的正常衍生物，而是一种最后的附带严格条件的救济手段。

国际法上并不承认分离权，这使得以独立建国为诉求的分离主义面临难以逾越的阻碍：当事国政府的坚决反对。国际法不接受地方单方面的分离行为，而是支持主权国家政府对分离要求的处置权。① 只要当事国政府坚决反对分离行为、不予承认欲脱离地区的独立状态，那几乎可以肯定，该分离地区的独立地位不大可能得到国际社会的认可，这种分离行为的成功可能性也就微乎其微。由于当事国主权政府的态度有决定性作用，因此分离主义者应通过与当事国国内各方达成共识，在共识的基础上寻求独立。只有当分离行为得到了母国的许可，国际社会才会承认通过分离实现的建国行为。也就是说，分离公投是否合法纯粹是一个国家的内政问题。如果是，分离公投的合法性问题便包括分离公投的实体合法性问题和程序合法性问题。所谓分离公投的实体合法性问题，是指分离公投的举行有没有获得国家宪法和有权机关的同意。所谓分离公投的程序合法性问题，是指具备了实体合法性的分离公投是否遵循了法定程序。

---

① 参见王英津《自决权理论与公民投票》，九州出版社2007年版，第186、246页。

第二节　代表制国家公投的宪法地位

国家是政治的生命体，是实体，是政治存在，是政治统一体。作为生命体，国家有自我保存的本能，没有自我解体的本能。国家的制宪权在主体制定宪法时断然不会允许能使国家解体的地方分离行为。因此，自有近现代宪法以来，世界上除了苏联等一两个国家的宪法承认地方有分离权，其他国家的宪法要么明确禁止地方分离，要么不承认地方拥有分离权。依据此理，宪法在创制国家权力时，给国家机关配置的职权中不可能包含使国家解体的权力。但是在实践中，在那些饱受分离主义之苦的国家中，我们屡屡看到这些国家的中央政府同意闹分离的地区举行分离公投。如果分离公投也属于分离的行为，那么，这些国家的中央政府在宪法理论上是没有权力去同意闹分离的地区举行分离公投的。所以，分离公投不应该被理解成闹分离地区的分离行为。分离公投如果不能被看成闹分离地区的分离行为，它又应该被看成什么性质的行为呢？本书认为，应该将分离公投看成公投，"是否分离"只不过是公投的事项而已。进一步的问题又来了：公投到底是什么性质，或者说具备怎样的宪法地位，使其具备解体国家的强大功能？是不是所有的公投都具备这样的功能？在议会主权国家，即使是全国性公投的结果，对国家议会又是否有法律上的拘束力？

一、公投是用来制约代表制政府的工具

近代以来，代表制成为世界各国的通用宪制，人民从独立且以整体方式存在的政治体变成了宪政框架内的以个体方式存在的公民。人民的统一变成了以宪法为最高地位的法律秩序的统一，直接民主变成了立宪民主。近代以来，疆域和人口都不断增加的国家纷纷变成代表制国家是有历史必然性的，因为随着疆域的扩大和人口的增多，用直接民主的方式（也就是用古代城邦公民大会的方式）治理国家已经不可能了。与具有暴烈性的直接民主相比，代表制显得温和而理性。在代表制下，代议机关一般是整个国家的最高权力机关。

一个政治常识是，必须对代表制政府予以制衡，否则，代表制政府将

会因为代表们的私欲而堕落并被利益集团控制，最后使公共利益遭盗窃。代表制政府内部的分权是宪法创制的制衡代表制政府的方式。这种宪法创制的代表制政府内部的分权包括两个方向，一个是横向的分权，一个是纵向的分权。国家权力在横向上的具体表现就是政体。政体是国家最主要的外在表现形态。① 政体旨在解决立法权、行政权、司法权和监察权等的权限分配问题，以及国家权力机关同人民群众之间的权限分配关系问题。资本主义国家的政体大体可分为立宪君主制和共和制这两类。国家权力在纵向上的具体表现就是国家结构形式。② 国家结构形式旨在解决国家整体与组成部分、中央与地方之间的权限分配问题。国家结构形式不论是在资本主义国家还是在社会主义国家，都分为单一制和联邦制两种。资本主义国家的政权组织形式包括立宪君主制和共和制③，这里的共和制又包括议会内阁制、总统制、半总统制和委员会制；而社会主义国家的政权组织形式包括公社制、苏维埃制和人民代表大会制。

仅仅靠代表制政府内部各横向和纵向权力之间的制衡尚不能完全实现对代表制政府的监督。在代表制中，有一项制度是用来制约代表制政府的，即公民的基本权利。公民的基本权利是宪法承认的公民凭着自己是自然人而天然享有的那些自然权利，这些自然权利先于法治国而存在，不取决于任何专制君主的意愿，也不听任任何执政党的摆布，还不受议会中简单或者特定多数议员的侵害。任何承认和宣示公民基本权利的法律只是对一串原本就独立、绝对地存在着的权利的宣示。这就是说，即使宪法和法律没有将公民的基本权利写下来，也不能否认公民的基本权利的存在。以美国宪法为例，美国宪法最初也没有把公民的基本权利写进去，后来是以一条一条的权利修正案的方式把公民基本权利写进美国宪法。但是，从美国建国之初起就从来没有人说政府不需尊重这些公民基本权利。不过，必

---

① 参见《宪法学》编写组《宪法学》（第二版），高等教育出版社、人民出版社 2021 年版，第 116 页。

② 参见《宪法学》编写组《宪法学》（第二版），高等教育出版社、人民出版社 2021 年版，第 122 页。

③ 所谓立宪君主制，是指君主的权利按宪法规定受不同程度的限制的政权组织形式。这类政权组织形式在现代国家中已经不占主流。当今世界上实行立宪君主制的国家只有英国、比利时、瑞典、荷兰和日本等少数国家。所谓共和制，就是最高国家权力机关和国家元首由选举产生并有一定任期的政权组织形式。参见《宪法学》编写组《宪法学》（第二版），高等教育出版社、人民教育出版社 2021 年版，第 118 页。

须注意的是，公民基本权利的实现程度要受每个国家具体的社会经济文化等条件的限制。公民基本权利条款是绝对的，是政府在行使国家权力时必须遵守的，可以约束、限制一切政体和政府形式，使政府不能随心所欲地行使国家权力。一旦政府的行为触犯到这些公民基本权利，这样的政府行为必然无效。正因为公民基本权利具有制约代表制政府的功能，所以公民基本权利条款或者公民自由原则又叫政治预防措施。以言论自由为例。言论自由最初只被人们当作私人领域的活动。当无数具体的公民针对同一个事物发表言论时，言论自由就具有了外部性，变成了一种公共权力，具备了公共监督职能。言论自由也就从一种私人领域的自由变成了一种政治权利和政治制度。无数的言论汇聚起来，其中就包含了一定的民意。

是不是有了宪法设置的这种代表制政府内部的横向和纵向的分权以及公民的基本权利，代表制就能永远完美运行下去，也就是能既没有直接民主的暴烈，又温和、理性且无腐败地运行下去？非也。有学者认为，人类的政治史已经证明，在长期的政党政治下，随着时间的流逝，精英政治的道德因素和责任因素将逐渐流失，即使代表制政府内部设计了制衡方案，整个代表制政府的堕落也几乎不可避免，人民的主权会被立法机关、行政机关和司法机关的政治精英抱团篡夺。

为此，戴雪根据英国代表制在 19 世纪末的运行状况提出，将公民复决制度引入英国宪法，以制约权力越来越不受约束的英国下议院。戴雪被认为是迄今为止唯一的公投理论家。[①] 他在 19 世纪中期反对公民复决（referendum）制度，到 19 世纪末的时候转而倡议在代表制中引入公投制度。戴雪认同任何一个国家都必须有代表机构，因为如果没有代表机构，国家的行动力将被大大削弱。[②] 但是戴雪也认为应在代表制国家引入公民复决，这样就能制约住代表制政府。"如果没有来自代表制政府外部的强

[①] See Matt Qvortrup, *A Comparative Study of Referendums: Government by the People* (Manchester: Manchester University Press, 2008), p. 4.

[②] See Richard A. Cosgrove and Albert Venn Dicey, *Victorian Jurist* (London: Macmillan Press, 1981), in Matt Qvortrup, "A. V. Dicey: The Referendum as the People's Veto," *History of Political Thought*, Vol. 20, No. 3, 1999, pp. 531 – 546.

有力的制约者，代表制将沦为暴政。"① 这是英国宪政学者戴雪长久观察英国的政治后在 19 世纪末提出的观点。他说："代表制让纯粹民主制的不利后果得到了缓和，它把人民变成了宪政框架内的臣民，约束了民主本身的暴烈特性。然而，下议院的议员们以简单多数就能修改整个国家的宪法，即使他们是经民主选举就任的，他们也不能完全代表整个民族的最终意志……当制约政府的其他工具不能发挥作用时，公民复决应该取代那些工具，成为防止整个代表制堕落的安全卫士。当人民并不只是选出代表再由代表去对事务做出决定，而是能够直接就具有重大意义的宪法争议做出决定时，代表们就能更加在意公民的意见而不是被利益集团捆绑。为了防止代表制腐化，宪法问题必须交与公民复决。有了公民复决，代表制就不会腐化。与此同时，在代表的引导下，公民复决本身所携带的民主基因中的暴烈性，也可以得到约束。因而，公民复决既能成为制约专制的力量，又不会损害代表制政府——毕竟，代表制政府是文明国家的根本特征。"②

戴雪总结了引入公民复决制度提议的支持者和反对者各自的理由。"支持者的理由是：维多利亚时代的人，或者对维多利亚时代抱有感情的立宪主义者，持有一种信念——英国议会制政府在条件有利时能确保普遍的人身自由和表达自由。但是，人们发现议会制政府和其他政府一样，也不能完全消除人类的痛苦。英国的宪法的实质是政党政治，而政党政治很容易产生政治腐败。即使政治腐败消除了，人们又认为非正当选出的立法机关可能会曲解选民的长期意愿。为了矫正立法机关对选民意愿的曲解，人们提出要引入源于瑞士实质上盛行于美国各州的公民复决制度。反对者的理由是：一旦引入公民复决，政治权力就从有识之士那里转移到了无知者手中，即用选民的权力来取代上下两院的权力，这将使这个国家从智性统治转向愚昧统治。反对公民复决的有著名保守主义者梅因和接受了社会

① See A. V. Dicey, "Representative Government," *The Comparative Study of Constitutions*, unpublished manuscript, Oxford: Codrington Library, All Souls' College, 1900, in Matt Qvortrup, "A. V. icey: He Referendum as the People's Veto," *History of Political Thought*, Vol. 20, No. 3, 1999, pp. 531 – 546.

② See A. V. Dicey, "Ought Referendum to Be Introduced into England?" *Contemporary Review*, Vol. 57, 1890, in Matt Qvortrup, "A. V. Dicey: The Referendum as the People's Veto," *History of Political Thought*, Vol. 20, No. 3, 1999, pp. 531 – 546.

主义思想的革命家。"①

　　梅因反对公投的总体逻辑是，法律是建立在科学意见之上的，因此，立法如果想得到理解就必须经过缜密的思考，而公民复决可能会让一切理性的改革都受到致命打击。②

　　在代表制和政党政治的共同作用下，公投有时候遭到滥用。因为当精英政治的美德和责任因素衰退，精英政治家害怕承担责任、害怕做出得罪部分选民的决策，而相较于精英们的决策，公投决议在理论上更有优越性和合法性。因此，公投有时会被政治精英当作转移政治责任的挡箭牌，而用公投处理非实质性国家事务的例子不胜枚举。例如，天主教传统浓厚的爱尔兰曾举行是否允许堕胎的全民公投；1993 年 6 月 11 日，意大利就一家私人电视台可否拥有一个以上的全国频道、电视台在影剧院节目中能否插播广告等问题举行公投；2011 年 9 月 24 日，加拿大不列颠哥伦比亚省就"究竟实行由联邦政府推动、省政府落实的合并销售税制，还是联邦销售税和省消费税相分离的分税制？"举行全民公投；瑞士更是将诸如是否限制工人人数、是否采用夏令时制、骑车乘客是否应系保险带、摩托车驾驶员是否应戴保险头盔、各地学校学年是否应一律于八九月间开始等问题交给公投议决。

　　为了防止公投遭到滥用，戴雪指出，只能将宪法问题交给公民复决，而且，公民复决在政治生活中不能取代代表制政府，甚至不能在代表制国家的政治运作中成为日常性的治理机制，而只能在关乎整个国家政治存在的特殊事件上发挥作用。戴雪还认为，公民复决对代表制政府只能起辅助作用。正因如此，戴雪认为，英国只适合引入后置式公投，也就是只有在英国议会事先就一个重大问题通过了一项法案后，才能将这项法案交由公民复决。如果公民复决的结果为否决英国议会通过的议案，则被公民们否决的法案就不生效；反之则生效。因此，戴雪称公民复决为否决式公投。戴雪认为："公民复决有时被称为'人民否决'，一般来讲，这也是一个恰当的称谓。之所以说它恰当，是因为它提醒我们，公民复决的主要用途在于阻止任何一个未得到选民许可的重要法律被通过。'否决'一词也提

---

　　① ［英］A. V. 戴雪：《英国宪法研究导论》，何永红译，商务印书馆 2016 年版，第 76 页。
　　② 参见［英］梅因《民众政府》，潘建雷、何雯雯译，上海三联书店 2012 年版，第 54 - 55 页。

醒我们，提倡把公民复决引入英国的人，实质上是在提出要求：应该允许现在已经公认为是英国政治主权者的选民，在过往其实并不是英国的绝对主权者但又的确是议会主权者中非常重要的组成部分的这样一个时代，行使君主在立法过程中（经人民同意）所行使的权力。《英国宪法研究导论》所讨论的公民复决仅涉及那些已经获得英国议会上、下两院同意，但尚未得到国王批准的议案。"①

在卢梭的道德理想国中，完美的政治结构应该在"人民—政府—臣民"之间实现平衡。因为如果人民的意志与代表制完全融合且人民不再出场，人民就彻底转变成臣民了，人民对政府的制衡将彻底消失，剩下的只是政府对臣民的统治。从理论上看，不论是公民的基本权利还是公民复决，都是宪法给代表制政府安置的在代表制政府之外的制衡工具，是为了使卢梭的"人民—政府—臣民"这一平衡的统治结构得以实现。

公投并不能成为常态的立法方式，是为了防止它侵蚀代表制。所以，公投的适用范围必须受到限制，并且应该限定在实质性事务上，也就是主权问题和宪法问题。国家的实质性事务即关乎政治统一体的存在类型和存在方式的事务，包括以下两类：一是关于国家统一和独立、分离与合并等领土问题。据统计，自1846年利比里亚通过全民公投实现独立并获得国际社会承认以来，至今已经有87起成功的关于独立或分离的全民公投。二是立宪修宪。如埃及于2011年"尼罗河革命"推翻穆巴拉克政权后，举行了"修宪全民公投"，废止了旧宪法，再以新宪法为依据，组织总统和立法选举。2013年，埃及军方推翻"穆兄会"。为了赋予这一行为合法性，埃及军方控制的埃及政府于次年1月中旬迅速组织了两年内的第二次修宪全民公投。在推行大陆法系的国家，尤其在新兴国家里，立宪修宪需要全民公投，这已经成为普遍共识。此外，还有一些特定事项，或是被排除在全民公投之外，或是对全民公投的决定权做出限制，例如预算、赋税及俸给不得以全民公投的方式决策。不仅如此，在代表制下，日常的立法机关是议会，公投只在代表制政府内部的制衡工具失灵的时候才能被启动。例如，据统计，第二次世界大战后全民公投发生的平均周期非常长。只有少数几个国家在每一个选举周期内举行了超过1次的全民公投。即使是富有全民公投传统的瑞士，每年举行的全民公投也只是4次，每年举行

---

① ［英］A. V.戴雪：《英国宪法研究导论》，何永红译，商务印书馆2016年版，第75页。

的全国性全民公投也只是 1 次。如果人民在政治生活中扮演起了日常立法者，那代表因素将不再存在，政治结构也会失衡。

二、公投是请出人民的媒介

在政治宪法学上，宪法制定权（the constituent power），简称"制宪权"，又称"立宪权"，是一国的主权在对内部统治时的至高无上的权力，是创制宪法的权力。拥有制宪权的主体叫"制宪权主体"，制宪权主体是主权者，其意志不受任何钳制①。制宪权主体是君主，或者是人民。如果是君主，这个国家就是君主制国家；如果是人民，这个国家就是民主制国家。主权和制宪权的关系是：主权是指国家作为独立的政治实体时拥有的权力，包括在与其他主权国家交往时的独立权和在对内统治时的排他权。主权在对内统治时的排他权就是制宪权。正因为如此，制宪权一词常被学者们用来做主权一词的替代。为了治理国家，制宪权主体会在宪法中规定设立国家权力并且会对这些国家权力的组织和运行进行规定。这些国家权力就是宪制权（the constituted power）。制宪权主体通过宪法对宪制权进行规定，也是为了约束和规范宪制权。以宪法为根本法和最高法建立起来的整套法律制度叫宪制。

国家建立后，国家的政治分为日常政治和非常政治。所谓日常政治，是指国家的宪制权按照以宪法为最高法和根本法建立起来的规范体系来治理国家的状态。从逻辑上讲，制宪权在国家诞生之前就存在着，而且存续到国家灭亡，但是当国家处在日常政治下，这个国家的制宪权应处于隐退状态。当国家处于日常政治时，我们称这个国家处于法治状态。所谓非常政治，是指制宪权（主体）直接出场，日常政治下的规范体系全然中止运行（也就是宪法悬置），宪制内的所有权力都转变为制宪权辅助者的国家状态。国家处于非常政治时，政治宪法学上称之为国家处于政治的状态。由于立宪民主制本身就被推定为它使纯粹民主制的后果得到了缓和，而且受规范制约的权限取代了直接的、绝对的人民意志，因此，立宪民主国家只要没有明显的人民出场的迹象，就会被推定为处于日常政治状态

---

① 参见《宪法学》编写组《宪法学》（第二版），高等教育出版社、人民出版社 2021 年版，第 29 页。

（或叫作处于法治状态）。

公投是日常政治与非常政治之间互相转换的机制，属于宪制内的机制。公投是依据代议机关制定的程序开展的。因此，它具有矛盾的两面：一方面，得益于宪制框架，公投原本具有的暴烈性得到了遏制；另一方面，宪制框架的存在使民意极有可能无法通过全民公投这个通道生发出来，因为人民是制宪权主体，它拥有政治行动能力，既无所不在，又无边无形，不受组织约束也不可能被组织起来。一旦参与公投的民众被组织起来行动，这些民众就是法治国家的国民，而不是政治状态中的人民。人民具有无限性和绝对性，而公投毕竟是在宪制下运行的工具，公投具有有限性和相对性。一个具有有限性的事物何以承载具有无限性的实体？或者说，具有有限性的公投何以承载具有无限性的人民？此乃关于在公投的悖论。

为解决公投的这个悖论，施米特在《宪法学说》中提出了一个概念——"征候效应"。所谓征候效应，是指一个事物因使人民意志得到显化从而具有广为人知的效应。在代表制下，法律障碍喝彩，民意只能通过选举和投票弃权等方式得到表达。但是人民依然可以喝彩且人民的喝彩会被代表制政府认真对待。这是因为代表制的本质在于代表制政府对选举和全民公投的征候价值始终不渝地加以重视。如果在代表制下并且在非常偶然的情况下，人民意愿得到了全体一致、一目了然的表达，这种表达就具有了真正的喝彩性质。1920 年，德国人民对引渡所谓的战犯发出的抗议就是民意得到抒发的一个典型例子。不得不承认，全民公投的法律制度和程序并不能完全把握和组织民意，法律制度和程序始终只能挑出民意的个别要素。但这些法律制度和程序有助于将真正的民意表达出来。有征候效应的立法行为具有突破法治国家规范框架的政治力量，是人民的主权行为。①

---

① 参见［德］卡尔·施米特《宪法学说》，刘锋译，上海人民出版社 2001 年版，第 279 页。

第三节　分离公投的合法性问题

分离具有革命性，这一特点使分离既不可能在宪制框架内得到定义，也不可能在宪制框架内得到有序、合理、高效的处理。① 法律在分离问题上应该完全中立（perfect legal neutrality）。② 然而在实践中，分离公投往往依然会按照法定程序进行。本书上一章已经解释过在征候效应产生时，虽然分离公投是按照法定程序进行的，它本质上是人民立法。但在征候效应未产生时，分离公投的法定程序是真正的宪法秩序内的法定程序。因为判断分离公投是否产生了征候效应要依据分离公投的结果，所以，在分离公投的结果出来之前，分离公投应该被推定为宪制内的事物。既然是宪制内的事物，分离公投就应该根据各国的宪法和法律进行。不同国家的国家结构形式不同，其分离公投的有权举办者和程序也相应有所不同。国家结构形式包括单一制和联邦制。本节着重分析单一制国家和联邦制国家的分离公投的有权举办者和程序。本节的分析结论不适用于包括中国在内的一切实行单一制且宪法禁止地方分离的国家。

一、公投的合法性问题与决断力问题

"合法性"一词在英文中的对应词是 lawful 和 legal，lawful 是指实体合法，而 legal 则指程序合法。③ 所谓实体合法性，是指主体的行为属于法秩序所认可和保护的权利或权力。所谓程序合法性，是指主体的行为遵守了法秩序中相应的程序规范。实体合法性是程序合法性的基础和前提。合

---

① See Daniel J. Elazar, "Constitution-making: The Pre-eminently Political Act," in K Banting, R Simeon, et al., *Redesigning the State: The Politics of Constitutional Change* (Toronto: Toronto UP, 1985), p. 232.

② See Daneil J. Elazar, "Constitution-making: The Pre-eminently Political Act," in K Banting, R Simeon, et al., *Redesigning the State: The Politics of Constitutional Change* (Toronto: Toronto UP, 1985), pp. 232 – 233.

③ See Henry Campbell Black, *Black's Law Dictionary* (fifth edition) (St. Paul: St. Paul Minn. West Publishing Co., 1979), p. 797.

法性应界定为主体的行为在实体上和程序上都合乎法律秩序。与合法性密切相关的一个概念是"效力"。"效力"在英文中是 valid 一词，该词在《布莱克法律词典》（第五版）中的解释是：

> Having legal strength or force, executed with proper formalities, incapable of being unrightfully overthrown or set aside. Of binding force; legally sufficient or efficacious; authorized by law. A deed, will, or other instrument, which has received all the formalities required by law, is said to be valid. ①

这段英文表述了效力的四个层面的含义：（1）有法律权威（authorized by law；lawful），即要有实体合法性。（2）具备充分的法律程序上所要求的条件（legally sufficient；having legal force；executed with proper formalities），即要有程序合法性。（3）具有法律上的约束力和强制力（of binding force）。（4）不得被不正当地推翻，即要有政治实效（incapable of being unrightfully overthrown or set aside）。上述《布莱克法律词典》中"效力"一词的这四层含义也可以概括为两层：第一，有合法性；第二，有法律上的拘束力。"有合法性"是"有法律上的拘束力"的前提和基础，"有法律上的拘束力"是"有合法性"的必然结果和实际效果。因此，公投的合法性问题包括公投结果的法律拘束力问题。

所谓"决断力"，是指制宪权主体做出的政治行为所拥有的产生实际政治效果的力量。"决断"一词仅仅意味着主体在形式上做出了实质性选择，至于实际上是否做出决断，则取决于简单的选择性提问的正确性与可能性。在实质性表决中，多数人往往以如下方式做出决断：他们对提交给自己的、已经表述好的问题做出"是"或"否"的回答。例如，英国举行脱欧全民公投的问卷内容包括："问题：'你同意英国退出欧盟吗？'答案：'是'或'否'。"由于问卷设计的方式会对投票者的逻辑、心理乃至态度起到引导作用，决断式公投的结果是否更接近真实民意就很依赖问题的提法。只有那些简单、明确的实质性问题和同样简单、明确的实质性回

---

① See Henry Campbell Black, *Black's Law Dictionary* (fifth edition) (St. Paul: St. Paul Minn. West Publishing Co., 1979), p.1390.

答，才能算是对实质性问题的表态。政治经验和心理学都显示，选举权人倾向于逃避决断。所以在实际的决断式公投中，我们常常会看到很高的弃权率。1970—2000 年，奎特鲁普搜集的一组数据显示西方一些立宪民主国家全民公投的平均弃权率如下：瑞士为 59.6%，法国为 51.2%，奥地利为 36%，英国为 36%，意大利为 30%，芬兰为 30%，加拿大为 24.3%，澳大利亚为 6.6%。[①] 也因为国民面对决断时有消极倾向，所以即使参与了投票，其所投的票也包含着极少的实质性决断。例如，法国拿破仑时期的历次全民公投，国民都回答"是"，但这并不意味着国民们一定赞成拿破仑的专制统治，它更多地反映民众不愿意改变既成事实的心态，毕竟一旦回答"否"，就会导致一种新的政治决断甚至新的政治秩序。而在瑞士的决断式全民公投，大多数结果是"否"，因为"否"就意味着维持现状。投票率过低的全民公投，即使民众所投的赞成票占多数，也不被认定是"多数决断"。因此，许多国家对全民公投的投票率做出规定，一旦投票率没有达到最低门槛，则本次全民公投无效。例如，1999 年 4 月，意大利就是否废除当时的议会选举法中的比例代表制举行全民公投，尽管投票者中有 91.5% 赞成废除，同意维持者只有 8.5%，但由于参加投票的选民只占全国选民的 49.6%，投票率没有过半，因此这次全民公投无效。不过，最低投票率的设置是否必要，本身也存在理论争议。持反对意见的人认为："在国民中间，只有少数积极的、关注政治的人，才是民意的载体，绝大多数拥有投票权的国民未必对政治感兴趣。如果让那些没有政治意志的人，以他们的弃权态度做出决断，这根本就不是什么民主，而是一项古怪的政治原则！"[②]

既然只有当公投中出现征候效应时才能断言日常政治已经中止、国家已经进入非常政治状态；那么，反过来，如果公投中没有出现人民喝彩的情形，公投过程中人民并未出场，此公投也只是宪制内的普通立法程序的一环而已，它只不过是有了一个人民立法程序的名头罢了。[③] 施米特在《宪法学说》是这样说的："立宪民主国家的法律即使规定了名为人民立

---

① See Matt Qvortrup, *A Comparative Study of Referendum* (Manchester：Manchester University Press，2005)，p. 27.

② 参见［德］卡尔·施米特《宪法学说》，刘锋译，上海人民出版社 2001 年版，第 300 - 301 页。

③ 参见［德］卡尔·施米特《宪法学说》，刘锋译，上海人民出版社 2001 年版，第 279 页。

法程序的立法程序，依据这一程序制定出来的法律依然只属于宪法法规意义上的法律，本质上依然只是立法权行使的结果，而不是人民制宪权行使的结果。"[1]

接下来要解决的是公投结果对一国的主权性立法机关——如果有的话——和所有国家权力机关是否具有约束力的问题。当较大多数或者压倒性多数投票权人的观点在公投中倒向一边，这种公投结果就超出官方预期、产生了"征候价值"、显现了真正的民意。当出现这种情况时，全民公投就实现了对代表制政府的制约。同样，代表制政府也会尊重这样的公投结果。最终，这样的全民公投的结果就具有了决断力，其效力凌驾于议会决议之上。也就是说，在立宪民主制国家，如果公投中出现了人民喝彩的情形，那么公投结果不仅对所有国家权力机关具有法律约束力，还对主权性立法机关——如果有的话——具有政治约束力。具有征候效应的公投结果具有政治上的决断力。但是，如果在公投中对公投问题持赞成态度的只有法定多数票且这法定多数票尚未达到较大多数国民的数量，这时，公投的本质就依然只是宪制工具，而不是人民的行动，即公投的结果对主权性立法机关没有政治约束力，对所有国家权力机关的法律约束力要依据举行公投国家的法律规定来判断。

有人可能会说，人民在许多方面依靠各种各样的建议。人民必须将决断权委托给自己选出的可信任的人，让当选人士在其权限范围内对实质性问题做出决断。当选人士组成人民代议机关。如果代表制国家没有引入公投，那么就由人民代议机关在人民委托的权限内就实质性问题做出决断，或由人民直接出场即以直接民主的方式做决断。一旦代表制引入了公投制度，以全国性公投为核心的人民立法程序就比普通立法程序更有民主正当性。因而，全国性公投如果出现了较大多数尤其是压倒性多数票，其结果的效力就比代议机关决议的更大。

国家机关在公投全过程中的角色是什么呢？本书认为国家机关在公投全过程中角色的定性须在公投结果出来之后用倒推的方式确定。如果公投因为出现了人民的喝彩而成了人民行动，这时的公投也就是真正的人民立法程序的关键环节，包括人民代议机关在内的各种权力机关都只是作为辅助机关参与其中。至此，我们可以回答公投的合法性问题了：合法性本质

---

[1]　参见［德］卡尔·施米特《宪法学说》，刘锋译，上海人民出版社2001年版，第279页。

上是指在宪制内的法律主体的行为合乎宪制。人民在宪制以外而且是宪制的创造者，因此，作为人民行使制宪权的手段以及作为人民立法程序的公投显然不能也无须获得宪制内的实体合法性。当公投属于真正的人民立法程序时，公投不需要合法性，也不可能获得宪制层面的合法性。

二、民主制国家地方分离的理想程序

民主制是和君主制相对的一种存在，二者的区分标准是判断制宪权主体是人民还是君主。如果一个国家的制宪权主体是人民，那么这个国家就是民主制国家。民主制又叫"共和制"或"民主共和制"。如果一个国家的制宪权主体是君主，那么这个国家就是君主制国家。随着时代的发展，君主制已经不存在了。在君主制和民主制之间还存在一种中间状态，那就是君主立宪制。所谓君主立宪制，是指国家的制宪权主体是君主和人民。在政治实践中，判断一个国家是不是民主共和制，要看这个国家的最高国家权力机关和元首是不是由国民选举产生，以及这个国家的最高国家权力机关和元首是不是有任期限制。在政治实践中，如果一个国家的最高国家权力机关和国家元首都是由国民选举产生并且有任期限制，则称这样的国家为民主共和制。政治实践中，君主立宪制的君主是国家元首，但这个国家元首不是由选举产生而是世袭的，而且这个世袭的国家元首没有任期限制。在君主立宪制国家中，代表人民的下议院是由选举产生而且有任期限制。

既然在民主制国家中人民才是制宪权主体，那么，也唯有人民才能让民主制国家政治体解体。此时人民做出政治决断称为人民立法。真正意义上的人民立法从动议到决断都应由人民完成。真正意义的人民立法是其立法程序由人民动议启动起来，其法律决议经全民公投而得以成立的过程和结果。① 在人民立法过程中，国家机关和人民代议机关不参与其中，即使参与，国家机关和人民代议机关也只是辅助机关，而不是决策机关。如果法律决议事项在全民公投中获得了较大多数，甚至压倒性多数的国民认可并被制定出来，那么，这一法律决议就变成了人民的主权决断了。这当然是最理想的人民立法程序模式。将这一原理运用到分离问题上，最有正当

---

① ［德］卡尔·施米特：《宪法学说》，刘锋译，上海人民出版社2001年版，第278页。

性的分离程序应该是：先由人民发起解散国家的动议，接着由人民做出解散国家的决议，最后国家随着人民的决议的生效而解体。

三、单一制国家的地方性分离公投没有决断力

近代以来的民主国家都实行代表制。实行代表制的国家又叫立宪民主国家。也就是说，这样的国家有成文宪法。国家权力是成文宪法创制的权力，一般包括立法权、行政权和司法权。立宪民主国家的国家权力之间的横向关系包括议会内阁制、总统制、半总统制和委员会制。

民主共和制国家的国家权力之间的纵向关系包括单一制和联邦制。单一制是由若干普通的行政区域或自治区域构成统一主权国家的国家结构形式。[①] 单一制国家的特点是：从国家的机构组成看，只有一个最高立法机关、一个中央政府、一套完整的司法体系；从国家的法律体系看，只有一部宪法，由统一的中央立法机关根据宪法制定法律；从中央和地方的权力划分看，地方接受中央的统一领导，地方政府的权力全部由中央通过宪法和法律授予，地方行政区划单位和自治单位没有脱离中央的权力；从对外关系看，国家作为一个独立的主体只能由中央代表，公民具有统一的国籍。[②]

在单一制国家，对于人民是否已经堕落、政治统一体是否应该解体，唯一的判断者是全国人民。特定地区的全体选民和整个国家的全体国民是完全不同的概念和事物，地方选民的投票也不可能涉及整个政治统一体。而且，政治统一体在法治国的"化身"是法律秩序的统一，法律秩序统一的标志是身为国家最高法和根本法的宪法的存在和运行。只要宪法在国家的任何地方还有效力，整个国家的主权也就存在，国家的任何一个地区的居民都不能成为"国家是否解体"这个问题的决定者。所以，在单一制国家中，即使在国家的某一个地方举行了分离公投，不论这个分离公投的结果怎样都不具有决断力，最多可算有建议作用。

---

① 参见《宪法学》编写组编《宪法学》（第二版），高等教育出版社、人民出版社 2021 年版，第 123 页。

② 参见《宪法学》编写组编《宪法学》（第二版），高等教育出版社、人民出版社 2021 年版，第 123 页。

四、联邦制国家邦成员无分离权——以美国为例

所有联邦国家但凡举行了分离公投的，其举行的都是地区性的分离公投。其中著名的也是最早的例子是挪威从"瑞典－挪威联盟"中脱离时举行的挪威地区公投。在拿破仑战争中，瑞典于 1813 年正式加入反法同盟。根据《1814 年基尔条约》（*Treaty of Kiel 1814*），瑞典可从丹麦手中获得挪威，但是挪威乘机宣布独立并颁布了宪法。瑞典于此时发动了一场短暂的战争，挪威随即投降并被迫作为一个臣属国，服从于瑞典国王，加入由瑞典方主导的"瑞典－挪威联盟"。但是根据宪法，挪威保留了自己的议会、政府和法院。1905 年 8 月 13 日，瑞典政府向挪威地区政府提出分离的先决条件是挪威地区举行并通过全民公投。该次全民公投结果是挪威地区有超过 90% 的人同意终止挪威与瑞典的联盟。接着，瑞典和挪威双方派出代表共同商讨出一套解体条款。挪威地区议会和瑞典国家议会分别通过了该解体条款，从此，瑞典－挪威联盟正式解体。此后，所有的联邦国家中一旦其境内有地区想脱离并请求举行分离公投，这些国家举行的就都是地区性的分离公投。如果用简单的公式表述挪威的分离过程，就是"地区性的分离公投 + 中央议会的同意"。

有一些人倾向于认为：如果单一制国家的地区性分离公投没有决断力的话，那联邦国家的地区性分离公投应该有决断力。这一种观点的核心理由是联邦制国家的邦成员有主权。这也是联邦国家区别于单一制国家的根本点。美国南北战争时期南方的霍恩就持这种观点，因为霍恩认为，联邦宪法只是各州订立的一份契约，联邦本身并无主权，各州才有主权。当各州认为自己的安全和存在受到联邦的威胁时，各州可按照自己的主权决断，单边解除联邦协议、分离联邦。如果这种观点成立，那么，联邦国家的成员邦举行的全民分离公决就是决断式分离公决了。

霍恩的观点遭到了美国联邦最高法院的有力反驳。美国联邦最高法院曾在 1869 年的"得克萨斯州诉怀特"案中驳回得克萨斯州的分离诉求时论述道：

> 联邦本质上并非一份契约，而是政治统一体。主权由政治统一体垄断。加入联邦即等于永久性地放弃分离权，这种加入行为行使一次

就永远终结，成员并没有任何可再次考虑的余地和退出的机会，除非革命或者所有州同意将政治统一体解体……联邦宪法的目的正是维护并且使之成为更完美的统一体，而不是相反。联邦宪法不可能承认各州拥有分离联邦的权利。①

虽然联邦的邦成员（或成员邦）有自己的主权，联邦的主权也来自邦成员，但是不要忘了联邦的特性。联邦是以自由协定为基础的永久联合体，它以各成员邦的政治自保为共同目标，并且从这一目标出发改变了各成员邦的总体政治状态。② 联邦通过所有成员邦的自愿缔约创造了一个新的政治状态，使联邦本身具有了独立于各成员邦的政治存在。在联邦，成员邦的主权和联邦的主权同时存在。当成员邦的主权和联邦主权发生冲突时，譬如成员邦要脱离联邦，这时候该如何处理？成员邦没有单方面脱离权，必须由所有联邦成员做出一致同意解散联邦的决定后才能脱离。因为成员邦在加入联邦时，它们就承诺了永久放弃分离权。除非所有联邦成员一致同意解散联邦，不再由联邦为各自的政治独立提供保护。

五、联邦制国家邦成员无单边分离权，但有协商分离权——以加拿大为例

无独有偶，加拿大也坚持了"在联邦制国家，成员邦分离的决断程序是所有联邦成员一致同意解散联邦的决定，而不是成员邦地区所举行的分离全民公投"这一基本原则。1995 年 10 月 30 日，魁北克在其省内举行了公投，该次公投的结果是投票人以 50.56∶49.44 的微弱优势反对该省从加拿大独立出去的政府计划。如果"魁独"分子赢得了该次全民公投，那将会启动一场魁北克的独立程序——起草一部规定加拿大与魁北克之间要在一年之内达成协议的法律。如果加拿大拒绝谈判，魁北克全民议会（national assembly）将宣布魁北克是一个主权国家，并开始寻求国际上的认可。就在法官简·里萨吉（Jean Lesage）在 Bertrand v Quebec（Procureur General）案向魁北克发出禁止举行全民公投的命令时，魁北克

① See David Haljan, *Constitutionalising Secession* (Oxford：Hart Publishing Press，2014)，p.413.
② ［德］卡尔·施米特：《宪法学说》，刘锋译，上海人民出版社 2001 年版，第 385 页。

政府已经在着手发出一份单边独立宣言，以推翻加拿大的联邦宪法秩序。

1996 年 9 月 30 日，加拿大联邦政府总理狄安递交了三个问题给加拿大联邦最高法院以厘清加拿大联邦最高法院"魁独案"裁决的宪法争议：（1）以加拿大宪法为本，魁北克国民大会、立法机关或政府是否有权单方面在法理上分离加拿大？（2）国际法是否赋予魁北克的国民大会、立法机关或政府可以有权单方面进行魁北克分离加拿大的行为？对此，国际法是否赋予魁北克的国民大会、立法机关或政府自决权力从法理上单方面从加拿大独立？（3）魁北克的国民大会、立法机关或政府在法理上独立的权力在民主与国际法冲突的情况下，在加拿大应优先考量何者？

1982 年加拿大宪法第 52 条第 2 款列举了很多实证宪法工具，该宪法及其附件中既没有允许也没有禁止一个省或者一个民族从加拿大分离出去。但是，宪法规定了修宪程序——联邦议会和 7 个省的立法会批准，且有超过 50% 的加拿大人同意，就能修宪。当然，在个别场合，联邦议会或者 10 个省里每一个省的立法会都批准了，也能修宪。该联邦宪法还规定了各省有权单方修改本省的宪法。① 如果分离属于宪法修改的范围，那么，根据修宪程序，没有一个省能单边退出。加拿大联邦最高法院从宪法文本出发，很轻松地得出魁北克不能从加拿大单边退出的结论。

但是，加拿大联邦最高法院没有止步于此。它并没有为了避免政治性而采取完全实证主义的法律分析方法。加拿大最高法院的法官们从根本上把宪法文本置于一边，深入加拿大的宪法史，探讨宪法的"支持性原则和规则"的含义，也就是探讨加拿大的"不成文宪法"。② 最后，加拿大联邦最高法院总结出加拿大宪法的"四项不成文基本原则"——（1）联邦主义；（2）民主；（3）法治；（4）尊重少数人。这四项原则高度整合，构成加拿大联邦的四根理论柱子。民主原则本身的内涵要比"多数人统治"丰富得多，整个联邦的人民是联邦主权的来源，魁北克没有权力单方面独立。因为民主指通过与不同意见协商、合意达成多数，所以，加拿大宪法文本如果在联邦规定了发起宪法修改动议的参与权，那么联邦

---

① *Constitution Act* 1982, Pt V, ss 38, 41 and 45 (other amendment formulae are provided, but are clearly not applicable to the issue of secession) in J. R. Hurley, *Amending Canada's Constitution: History, Processes, Problems and Prospects* (Ottawa: Minister of Supply and Services, 1996), chapter 4.

② See Benjamin Levites, "The Scottish Independence Referendum and the Principles of Democratic Secession," *Brooklyn Journal of International Law*, Vol. 41, 2015, pp. 373 – 405.

内的各方就应该共同协商，而且这种协商义务是法定义务。① 如果魁北克人表达出明确的独立意愿，加拿大政府必须与魁北克省政府进行协商。

2000 年，加拿大议会通过《清晰法案》（*The Clarity Act*，2000），法案是以 1998 年加拿大最高法院的参考性意见为依据制定的。该法案规定："魁北克没有从加拿大单边分离的权利。但是，如果魁北克人表达了明确的分离意愿（a clear will to secede），加拿大联邦政府就有义务与魁北克政府展开协商。加拿大议会有权对'魁北克全民公投设定的问题是否明确到足以启动上述协商程序'进行判断。加拿大宪法将在魁北克地区继续运行，直到上述协议达成并被所有参与方同意。该协议成为宪法修正案，此宪法修正案须获得加拿大联邦议会以及加拿大各省的同意。"② 1995 年魁北克全民公投的问题是："在 1995 年 6 月 12 日签订的协议范围内，如果魁北克向加拿大联邦发出建立新的经济政治合作关系的要约，魁北克就应成为一个独立的主权国家，你同意吗？"③ 这一问题非常模糊，曾引起了广泛争议。为避免模糊问题的再次出现，《清晰法案》规定，加拿大国会应对启动分离协商程序的全民公投问题的清晰度进行判断。如果加拿大国会认定即将全民公投的问题足够清晰，那么在魁北克举行的分离全民公投一旦得到了明显多数（a clear majority）的支持，全民公投即有启动分离协商的法律效果。

从加拿大的《清晰法案》中不难看出，魁北克的分离程序可以概括为"魁北克地区性的分离公投→加拿大所有利益相关方达成共识→加拿大各省的主权代表机关同意上一步中的'共识'→如果共识得到了各省同意，加拿大联邦议会就通过同意魁北克正式脱离加拿大的宪法修正案→魁北克脱离加拿大"。

根据联邦与邦成员的主权理论，虽然邦成员并没有单边脱离权，但是也不能忘记邦成员有主权这一点。毕竟联邦制国家内部各组成单元比起单

---

① See Benjamin Levites，"The Scottish Independence Referendum and the Principles of Democratic Secession，" *Brooklyn Journal of International Law*，Vol. 41，2015，pp. 373 – 405.

② "*Clarify Act of* 2000，" in Benjamin Levites，"The Scottish Independence Referendum and the Principles of Democratic Secession，" *Brooklyn Journal of International Law*，Vol. 41，2015，p. 390.

③ 魁北克 1995 年全民公投的问题原文是 "Do you agree that Quebec should become sovereign after having made a formal offer to Canada for a new economic and political partnership within the scope of the bill respecting the future of Quebec and of the agreement signed on June 12，1995？"。

一制国家的有更多自主空间，如各成员邦有自己的宪法、有自己的相对独立的立法机关和行政机关与司法机关，其公民具有双重国籍（既是联邦的公民，也是所在成员国的公民），联邦的权力（包括立法权、行政权和司法权）均来自成员国的授予，凡未授予的权力，通常由各成员邦保留。这决定了联邦的邦成员比单一制国家的地区在决定自己的政治存在状态时有更大自主权。如果在联邦下某一个邦成员的全体公民中的较大多数或者压倒性多数通过公投表达了其欲脱离出去的意愿，那么，这种意愿必须得到联邦有法律效力的回应。而联邦这个有法律效力的回应，在《清晰法案》这个案例中表现为"魁北克地区性的分离公投→加拿大所有利益相关方达成共识→加拿大各省的主权代表机关同意上一步中的'共识'→如果'共识'得到了各省同意，加拿大议会就通过同意魁北克正式脱离加拿大的宪法修正案→魁北克脱离加拿大"这一整套程序中的第二道程序——"加拿大所有利益相关方达成共识"。也就是说，在联邦国家，邦成员的分离公投的结果如果是肯定的，它对整个联邦而言具有启动分离法律程序的效力。

我们不禁会进一步追问：在魁北克脱离这个案例中，到底谁对魁北克能否脱离有决断权？依据联邦和邦成员的关系原理，魁北克如果要脱离，《清晰法案》中规定的魁北克分离公投和各省的"共识"，是魁北克分离程序中的两大决断环节。如果各省批准了就魁北克分离达成的"共识"，魁北克分离公投不仅有启动分离法律程序的效力，还具有一半的决断力。

现实中的分离方式不仅有公投，还有更"离经叛道"的分离方式。例如，波罗的海三国通过单方面宣布分离就从苏联分离出去①，而波罗的海三国之外的其他 12 个苏联加盟国则是地区行政首脑通过共同协商而从苏联分离的。② 分离主义者虽然通过这些方式取得成功，但是，任何事实

---

① 1989 年，波罗的海三国（爱沙尼亚、拉脱维亚、立陶宛）宣布从苏联分离出去。有意思的是，这三国在"独立"时所引用的法理依据，不是苏联宪法中的分离条款，而是国际法中的反对武力兼并原则。

② 在波罗的海三国宣布独立后，其余的 12 个苏联加盟国就"是否继续保持苏联"这个问题举行了全民公决，公决结果是 90% 以上的人认为苏联应该继续保持统一。但是此后很快，12 个加盟国的首脑开了一个秘密会议，决定解体苏联。

上的承认并不能成为分离的合法性来源。同样的道理，当举行的只是地区性分离公投并且最终分离成功，我们也并不能因此认定地区性分离公投就是整场分离过程中的决断性程序。

第四章　英国与苏格兰的宪法关系

本书第三章已经总结了，在单一制国家，地方在任何情况下都没有宪法上的分离权；但是在联邦制国家，有的国家的宪法不承认成员州的分离权（如美国），有的国家的宪法虽然不承认成员州的单方分离权但却承认成员州的协商分离权（如加拿大）。单一制国家的地方的一切权力都来自中央的授予，即使是民族自治权和高度自治权这样的地方权本质上还是属于中央授予的权力，而不是地方固有的权力，更不是宪法上的剩余权力。联邦国家邦成员却有着固有权力，拥有一定的主权。

正是单一制国家和联邦制国家的这一差异，使得单一制国家的分离主义者极力地试图论证母国实行的不是单一制而是联邦制。苏格兰分离主义者就是如此。在苏格兰分离主义兴起的过程中，其中一个较大的议题是：英国与苏格兰的宪法关系。苏格兰分离主义者对英国和苏格兰的宪法关系大致有三种观点。第一种观点认为，1707 年联合而成的不是一个独立的主权国家而是一个邦联。这种观点对苏格兰分离主义者的好处显而易见，因为它意味着苏格兰自 1707 年联合时起就是一个有独立主权的国家。第二种观点也认为，英国是一个联邦制国家。但持第二种观点者又有两种子观点：一是英国自 1707 年英苏联合时起就是个联邦制国家，二是英国自 1998 年英国权力下放苏格兰时起变成联邦制国家。认为英国是一个联邦制国家的观点如果成立，它在舆论上就非常有利于苏格兰分离主义者，因为联邦制下的苏格兰拥有一定的主权。英国统一主义者当然不会轻易赞同苏格兰分离主义者的上述主张。英国到底是单一制还是联邦制，的确直接关乎苏格兰的权利，也直接关乎苏格兰分离公投的合法性问题。为此，本章深入分析英国与苏格兰之间的宪法关系，以此为分析苏格兰分离公投的合法性问题做准备。

第一节　英国法律文件中的"英苏关系"

"大不列颠联合王国""大不列颠与爱尔兰联合王国"和"大不列颠与北爱尔兰联合王国"都自称联合王国（United Kingdom，UK），大不列颠（Great Britain）或不列颠（Britain）。英国人常以"英格兰"一词代指联合王国。[①] 英国著名宪法学家戴雪在其代表作《英国宪法研究导论》中常将"英格兰"用作"大不列颠"或"联合王国"的同义语。[②]

我国习惯称联合王国为"英国"。而在我国历史学家那里，英国不仅指 1707 年联合之前的英格兰王国，也指 1707 年联合之后的以伦敦为首都的那个岛国。[③] 本书的英国同时指 1707 年联合而成的大不列颠联合王国、1801 年联合而成的大不列颠与爱尔兰联合王国，以及 1921 年南爱尔兰成为自治领之后的大不列颠与北爱尔兰联合王国。

苏格兰从 1707 年联合时起作为英国的一个部分而存在。1707 年的《联合法案》、《1800 年联合法案》和《1998 年苏格兰法》都对英国和苏格兰的关系有所表述。下面介绍这几部法案相关条文和英国人关于英国和苏格兰关系的主要争议焦点，最后从政治宪法学的角度解析英国与苏格兰的宪法关系。

一、1707 年《联合法案》的表述

在一系列白热化斗争之后，1706 年 3—7 月，英格兰王国和苏格兰王国各自派出了谈判代表组成联合委员会。该联合委员会拟定了一个名为《联合条款》（*Articles of Union*，1707）的文件［也被称为《联合条约》（*Treaty of Union*，1707）］。随后，苏格兰王国的议会和女王先后通过了 1707 年《苏格兰教会安全法案》（*Act for Securing of the Protestant Religion*

---

① 参见［英］A. V. 戴雪《英国宪法研究导论》，何永红译，商务印书馆 2020 年版，第 60 页。

② 参见［英］布拉德利、尤因《宪法与行政法》（第 14 版）（上），程洁译，商务印书馆 2008 年版，第 67、105 页。转引自［英］A. V. 戴雪《英国宪法研究导论》，何永红译，商务印书馆 2020 年版，第 1 页。

③ 参见钱乘旦、许洁明《英国通史》，上海社会科学院出版社 2007 年版，第 1 页。

and Presbyterian Church Government, 1707) 和内容与 1707 年《联合条款》完全一致的 1707 年《与英格兰联合的法案》(Act of Parliament for a Treaty with England for an Union, 1707)。紧接着，英格兰议会和女王先后通过了 1707 年《英格兰教会安全法》(Act for Securing of the Protestant Religion and Presbyterian Church Government, 1707) 和内容与 1707 年《联合条款》完全一致的 1707 年《与苏格兰联合的法案》(Act of Parliament for a Treaty with Scotland for an Union, 1707)。英国官方把 1707 年的苏格兰王国的《苏格兰教会安全法案》《与英格兰联合的法案》和英格兰王国的《英格兰教会安全法》《与苏格兰联合的法案》这四部法律文件统称为《1707 年联合法案》(Acts of Union, 1707 or Acts for the Union of the Two Kingdoms of England and Scotland)。1707 年的《苏格兰教会安全法》和《英格兰教会安全法》共同构成《联合法案》的宗教条款。因为《苏格兰教会安全法》是《与英格兰联合的法案》的生效条件和组成部分，而《英格兰教会安全法》是《与苏格兰联合的法案》的生效条件和组成部分，《与英格兰联合的法案》的生效以英格兰王国的《与苏格兰联合的法案》的通过为前提。①《苏格兰教会安全法》是一部保护苏格兰教会在 1707 年联合之后不受苏格兰教会以外力量而变更的法案，《英格兰教会安全法》则是一部保护英格兰教会在 1707 年联合后不受来自英格兰教会以外力量而变更的法案。因此，1707 年《联合法案》的宗教条款可以概括地表述为：英格兰王国和苏格兰王原有的宗教信仰制度在两国合并后永久保持不变。

1707 年《联合法案》的条款主要内容如下：

第 1 条

第 1 款　英格兰王国和苏格兰王国自 1707 年 5 月 1 日起永久地联合为一个名叫大不列颠的王国。②

第 2 款　这个联合王国的国旗和国徽的样式不仅应由女王同意，而且由英格兰王国国徽和苏格兰王国国徽以女王认为合适的方式结合而成。用大不列颠国旗和国徽的图式做成的旗帜可用于大不列颠王国

---

① 此内容的原文是 "The Estates of Parliament Considering that Articles of Union of the Kingdoms of Scotland and England were agreed on the twenty second of July one thousand seven hundred and six years by the Commissioners nominated on behalf of this Kingdom under Her Majesties Great Seal of Scotland bearing date the twenty seventh of February last past in pursuance of the fourth Act of the third Session of this Parliament and the Commissioners nominated on behalf of the Kingdom of England under Her Majesties Great Seal of England bearing date at Westminster the tenth day of April last past in pursuance of an Act of Parliament made in England the third year of Her Majesties Reign to treat of and concerning an Union of the said Kingdoms Which Articles were in all humility presented to Her Majesty upon the twenty third of the said Month of July and were Recommended to this Parliament by Her Majesties Royal Letter of the date the thirty one day of July One thousand seven hundred and six And that the said Estates of Parliament have agreed to and approved of the said Articles of Union with some Additions and Explanations as is contained in the Articles hereafter insert And sicklyke Her Majesty with advice and consent of the Estates of Parliament Resolving to Establish the Protestant Religion and Presbyterian Church Government within this Kingdom has past in this Session of Parliament and Act entitled Act for securing of the Protestant Religion and Presbyterian Church Government which by the Tenor thereof is appointed to be insert in any Act ratifying the Treaty and expressly declared to be a fundamental and essential Condition of the said Treaty or Union in all time coming Therefore Her Majesty with advice and consent of the Estates of Parliament in fortification of the Approbation of the Articles as abovementioned And for their further and better Establishment of the same upon full and mature deliberation upon the foresaid Articles of Union and Act of Parliament Doth Ratify Approve and Confirm the same with the Additions and Explanations contained in the said Articles in manner and under the provision after-mentioned whereof the Tenor follows."。

② 此款的原文是 "That the Two Kingdoms of Scotland and England shall upon the first day of May next ensuing the date hereof and forever after be United into One Kingdom by the Name of Great Britain."。

的海洋和陆地。①

第2条

第1款　大不列颠联合王国及其自治领的王位（monarchy）继承遵照英格兰王国的《1701 年王位继承法》所规定：由至尊的索菲亚公主选帝侯和汉诺威公爵及其新教子嗣继承。②

第2款　所有天主教徒或与天主教徒结婚的任何人均不得继承大不列颠王国及其自治领，以及任何属于大不列颠王国的领土的帝国王位（imperial crown）。在任何时候，大不列颠王国的王位和政府（government）都将永久地由一个新教徒继承，而且这个新教徒所继承的权力与英格兰王国议会在威廉国王和玛丽女王登基第一年时制定的《公民权利和自由的宣言以及王位继承的规定》中所规定的王位继承人所继承的权力一致。③

第3条　大不列颠联合王国由且仅由一个议会代表，这个议会就是大不列颠议会。④

第4条　大不列颠联合王国的国民在联合王国成立后得在大不列

---

①　此款的原文是 "And That the Ensigns Armorial of the said United Kingdom be such as Her Majesty shall appoint and the Crosses of St Andrew and St George be conjoined in such manner as Her Majesty shall think fit and used in all Flags Banners Standards and Ensigns both at Sea and Land."。

②　此款的原文是 "That the Succession to the Monarchy of the United Kingdom of Great Britain and of the Dominions thereunto belonging after Her Most Sacred Majesty and in default of Issue of Her Majesty be, remain and continue to the Most Excellent Princess Sophia Electoress and Dutchess Dowager of Hanover and the Heirs of Her body being Protestants upon whom the Crown of England is settled by an *Act of Parliament* made in England in the twelth year of the Reign of His late Majesty King William the Third entitled An Act for the further Limitation of the Crown and better securing the Rights and Liberties of the Subject."。

③　此款的原文是 "And that all Papists and persons marrying Papists shall be excluded from and for ever incapable to inherit possess or enjoy the Imperial Crown of Great Britain and the Dominions thereunto belonging or any part thereof. And in every such case the Crown and Government shall from time to time descend to an be enjoyed by such person being a Protestant as should have inherited and enjoyed the same in case such Papists or person marrying a Papist was naturally dead according to the provision for the Descent of the Crown of England made by another *Act of Parliament* in England in the first year of the Reign of their late Majesties King William and Queen Mary entitled *An Act declaring the Rights and Liberties of the Subject and Settling the Succession of the Crown*."。

④　此款的原文是 "That the United Kingdom of Great Britain be Represented by one and the same Parliament to be stiled the Parliament."。

颠联合王国及其自治领和殖民地的任何港口、任何地方拥有航海权和贸易权。英格兰王国的所有国民已经享有的其他权利、特权和优势地位，苏格兰王国的所有国民自联合王国成立后也能享有，除非本法有明确的相反规定。苏格兰王国的所有国民已经享有的其他权利、特权和优势地位，英格兰王国的所有国民自联合王国成立后也能享有，成立后除非本法有明确的相反规定。①

第5条（已被此法之后的议会法案废除。）

第6条

第1款　联合王国成立后联合王国全境内的免税政策、税收激励政策和出口退税不仅遵照相同的贸易税收规则，而且由相同的海关和进出口管理部门负责。②

第2款　英格兰王国的贸易和税收规则在联合王国成立后通行于联合王国的全境。③

第7条至第15条（已被其他议会法案废除。）

第16条　联合王国成立后，联合王国全境内统一使用英格兰王国现在的货币衡。④

第17条（已被此法之后的其他议会法案废除。）

第18条　在联合王国成立后，苏格兰全境的贸易、关税、消费税和贸易税收类的其他法律规则与英格兰全境已经通行的贸易、关税、消费税和贸易税收类的其他法律规则保持一致。英格兰全境已经通行的贸易、关税、消费税和贸易税收类的其他法律规则在联合王国

---

①　此条的原文是"That all the Subjects of the United Kingdom of Great Britain shall from and after the Union have full Freedom and Intercourse of Trade and Navigation to and from any port or place within the said United Kingdom and Dominions and Plantations thereunto belonging And that there be a Communication of all other Rights Privileges and Advantages which do or may belong to the Subjects of either Kingdom except where it is otherwise expressly agreed in these Articles."。

②　此款的原文是"That all parts of the United Kingdom forever from and after the Union shall have the same Allowances Encouragements and Drawbacks and be under the same Prohibitions Restrictions and Regulations of Trade and liable to the same Customs and Duties on Imports and Export."。

③　此款的原文是"And that the Allowances Encouragements and Drawbacks Prohibitions Restrictions and Regulations of Trade and the Customs and Duties on Import and Export settled in England when the Union commences shall from and after the Union take place throughout the whole United Kingdom."。

④　此条的原文是"That from and after the Union the Coin shall be of the same standard and value throughout the United Kingdom as now in England."。

成立后继续有效（除非本法有明确的相反规定），但是能被大不列颠议会修改。鉴于关乎公权利、公共政策和国民政府的法律和关乎私权利的法律之间的差异，联合王国全境内的关乎公权利、公共政策和国民政府的法律保持一致；但是除非是为了苏格兰境内的国民的明显利益，否则关乎私权利的法律不被修改。①

第 19 条

第 1 款　苏格兰境内的最高民事法院和苏格兰最高民事法院司法联合会②在联合王国成立之后不仅永久地按照它们现在已经根据苏格兰王国法律所规定的那样运行，而且拥有在联合王国之前已经拥有的权威和特权，但是要受制于大不列颠议会为了司法系统更好的管理而出台的规则。③

---

① 此条的原文是 "That the Laws concerning Regulation of Trade, Customs and such Excises to which Scotland is by virtue of this Treaty to be liable be the same in Scotland from and after the Union as in England and that all other Laws in use within the Kingdom of Scotland do after the Union and notwithstanding thereof remain in the same force as before（expect such as are contrary to or inconsistent with this Treaty）but alterable by the Parliament of Great Britain. With this difference betwixt the Laws concerning public Right, Policy and Civil Government and those which concern private Right That the Laws which concern public Right Policy and Civil Government may be made the same throughout the whole United Kingdom but that non alteration be made in Laws which concern private Right except for evident utility of the subjects within Scotland."。

② 苏格兰最高民事法院司法联合会于 1532 年成立，是一个由最高民事法院从事司法工作的人员组成的团体。联合会主席由有教职身份的人士担当。其成员包括 14 位贵族法官，这 14 位中的一半是教职人员，另一半是非教职人员。这个司法联合会实际上是旧的最高民事法院以一种永久设立的形式存在的新法院，它使中央民事司法得以制度化。联合会的成员从前享有包括地方税收总免除的特权，但是这些特权早已被废止了。参见网页 https://legal – lingo. cn/college – of – justice – 2/，刊载日期：2020 年 12 月 4 日。

今天的苏格兰最高法院是由苏格兰最高民事法院（Court of Session）和苏格兰最高刑事法院（the High Court of Justiciary）组成。苏格兰最高刑事法院还同时是苏格兰刑事上诉法院。苏格兰最高民事法院分为外院（outer house）和内院（inner house），外院负责民事案件的一审，内院负责大部分民事案件的上诉审。外院分为第一法庭和第二法庭。参见网页 https://www. judiciary. scot/home/judiciary/judicial – office – holders/senators – of – the – college – of – justice，刊载日期：2023 年 1 月 9 日。

③ 此条的原文是 "That the Court of Session or College of Justice do after the Union and notwithstanding thereof remain in all time coming within Scotland as it is now constituted by the Laws of that Kingdom and with the same Authority and Privileges as before the Union subject nevertheless to such Regulations for the better Administration of Justice as shall be made by the Parliament of Great Britain."。

第2款　从现在起，由普通贵族担任的苏格兰最高民事法院的法官不再由女王任命①，但是，已经供职5年的苏格兰最高民事法院院长②和已经供职5年的苏格兰最高民事法院司法联合会的法官，以及已经供职10年的苏格兰王玺律师③仍然由女王及其继承人任命。鉴于此规定，苏格兰王玺律师不能被任命为苏格兰最高民事法院的法官，除非王玺律师在被任命为苏格兰最高民事法院的法官的两年前通过了苏格兰最高民事法院司法联合会的法官们依据民法所进行的公开审查和私密审查。王玺律师是否有被任命为苏格兰最高民事法院法官的资格和能力的审查标准，大不列颠议会可以修改之。④

第3款　苏格兰最高刑事法院在联合王国成立后不仅永久地按照它们现在已经根据苏格兰王国法律所规定的程序运行，而且拥有在联合王国之前已经拥有的权威和特权，但是要受制于大不列颠议会为了司法系统更好的管理而出台的规则。⑤

第4款　苏格兰王国海军司令和副司令的世袭权利中的财产权部

---

①　苏格兰王国于1532年成立最高民事法院（Court of Session）时，法院由院长、14名普通贵族（Ordinary Lords）和3～4名特命贵族（Extraordinary Lords of Session）组成。特命贵族由国王提名，不需要具备一定的资格，也没有薪金，并且可以随意决定是否出庭。1553年，特命贵族人数增加到8人，但后来因遭反对又减至4人，该数目一直持续到1723年。1723年还规定任何空缺都不能再填补。参见网页http://www. legal - lingo. cn，刊载日期：2022年12月4日。

②　The Principal Clerks of Session and Judiciary 是苏格兰各法院的行政上的首长。参见网页https://www. scotcourts. gov. uk/the - courts/supreme - courts，刊载日期：2022年12月4日。

③　Writers of the Signet 在苏格兰指苏格兰王玺律师。自1369年，苏格兰王国国王的印章由专人掌管，苏格王国国王印章的使用也由专人监督。这些专人就被称为王玺律师。

④　此款的原文是 "And that hereafter none shall be named by Her Majesty or Her Royal Successors to be Ordinary Lords of Session but such who have served in the College of Justice as Advocates or Principal Clerks of Session for the space of five years or as Writers to the Signet for the space of ten years. With this provision That no Writer to the Signet be capable to be admitted a Lord of the Session unless he undergo a private and public Trial on the Civil Law before the Faculty of Advocates and be found by them qualified for the said Office two years before the Faculty of Advocates and be found by them qualified for the said Office two years before he be maned to be a Lord of the Session yet so as the Qualifications made or be made for capacitating persons to be named Ordinary Lords of Session may be altered by the Parliament of Great Britain."。

⑤　此款的原文是 "And that the Court of Justiciary do also after the Union and notwithstanding thereof remain in all time coming within Scotland as it is now constituted by the Laws of the Kingdom and with the same Authority and Privileges as before the Union subject nevertheless to such Regulations as shall be made by the Parliament of Great Britain and without prejudice of other Rights of Justiciary."。

分在联合王国成立后保持不变，但是行使的方式要受制于大不列颠议会认为合适或经大不列颠议会修改的规则。①

第5款　苏格兰境内的所有其他法院在联合王国成立之后保持不变，但是都要受制于经大不列颠议会修改的规则。②

第6款　苏格兰境内的所有下级法院在联合王国成立之后如它们现在已经那样的永久地从属于苏格兰最高法院。③

第7款　苏格兰境内的案件不上诉到衡平法院、王座法院、普通法院或在威斯敏斯特宫的任何其他法院。④

第8款　衡平法院、王座法院、普通法院或威斯敏斯特宫的任何其他法院或任何其他同类的法院在联合王国成立后既不能审判、审查或改变苏格兰境内的法院所做的裁定和判决，也不能终止苏格兰境内的法院实施的刑罚。⑤

第20条　所有的可继承的官职、优势、可继承的司法管辖权、终生官职和终生司法管辖权保留。这些权利中的财产权在此联合法案之后也继续受到苏格兰已有的法律保护。⑥

----

① 此款的原文是 "And that the Heritable Rights of Admiralty and Vice-Admiralties in Scotland be reserved to the respective Proprietors as Rights of Property subject nevertheless as to the manner of Exercising such Heritable Rights to such Regulations and Alterations as shall be thought proper to be made by the Parliament of Great Britain."。

② 此款的原文是 "And that all other Courts now in being within the Kingdom of Scotland do remain but subject to Alteration by the Parliament of Great Britain. And that all Inferior Courts within the said Limits do remain subordinate as they are now to the Supreme Courts of Justice within the same in all time coming And that no Causes in Scotland be cognoscible by the Courts of Chancery, Queens-Bench, Common-Pleas or any other Court in Westminster-hall. And that the said Courts or any other of the like nature after the Unions shall have no power to Cognosce Review or Alter the Acts or Sentences of the Judicatures within Scotland or stop the Execution of the same."。

③ 此款的原文是 "And that all Inferior Courts within the said Limits do remain subordinate as they are now to the Supreme Courts of Justice within the same in all time coming."。

④ 此款的原文是 "And that no Causes in Scotland be cognoscible by the Courts of Chancery, Queens-Bench, Common-Pleas or any other Court in Westminster-hall."。

⑤ 此款的原文是 "And that the said Courts or any other of the like nature after the Unions shall have no power to Cognosce Review or Alter the Acts or Sentences of the Judicatures within Scotland or stop the Execution of the same."。

⑥ 此条的原文是 "That all heritable Offices, Superiorities, heritable Jurisdictions, Offices for life and Jurisdictions for life be reserved to the Owners thereof as Rights of Property in the same manner as they are now enjoyed by the Laws of Scotland notwithstanding of this Treaty."。

第21条　苏格兰王室市镇的权利和特权在联合王国成立后全部保留。①

第22条　（已被其他议会法案废除。）

第23条　苏格兰王国的所有贵族及其荣誉和身份的继承人从联合王国成立后是联合王国的贵族，这些苏格兰贵族的级别和爵位在联合王国不仅与英格兰王国已有的贵族的级别和爵位一致，而且与联合王国成立后所封的贵族的级别和爵位一致，而且所享有的特权与英格兰王国已有的贵族以及与联合王国成立后所封的贵族所享有的特权一致。②

第24条

第1款　联合王国成立后，大不列颠联合王国的国印不是英格兰王国现在使用的国印，也不是苏格兰王国现在使用的国印。③

第2款　苏格兰王国的驻军、军队、军队司令的级别和爵位以最适合联合王国的方式交由女王。④

第3款　与此同时，英格兰王国的国印作为联合王国的国印使用。联合王国的国印用于颁发选举大不列颠议会、召集大不列颠议会的令状上，也用于与外国签订的所有条约上，用于关乎联合王国全境的公法、法律文件和国家命令上，用于英格兰王国国印已经用在的所有文件上。苏格兰王国的国印在联合王国成立后永远保留而且用于苏格兰王国国印已经用于的苏格兰境内的私权利、办事处、拨款、委员

---

①　此条的原文是 "That the Rights and Privileges of the Royal Burroughs in Scotland as they now are Do Remain entire after the Union and notwithstanding thereof."。

②　此条的原文是 "That all Peers of Scotland and their successors to their Honors and Dignities shall form and after the Union be Peers of Great Britain and have Rank and Precedency next and immediately after the Peers of the like orders and degrees in England at the time of the Union and before all Peers of Great Britain of the like orders and degrees who may be created after the Union and shall Enjoy all Privileges of Peers as fully as the Peers of England do now or as they or any other Peers of Great Britain may hereafter Enjoy the same."。

③　此款的原文是 "That from and after the Union there be One Great Seal for the United Kingdom of Great Britain which shall be different from the Great Seal now used in either Kingdom."。

④　此款的原文是 "And that the Quartering the Arms and the Rank and Precedency of the Lyon King of Arms of the Kingdom of Scotland as may best suit the Union be left to Her Majesty."。

会事务上。①

第4款　已经用苏格兰王国国印的政府公文、国徽、刑事法院、驻军、法院继续使用苏格兰王国国印，但是在联合王国成立后女王认为合适的话可以改变英格兰王国国印和苏格兰王国国印的各自用途。②

第5款　英格兰王国国印和苏格兰王国国印以及这些国印的保存者受制于大不列颠议会此后制定的规则。③

第6款　王冠、权杖、王剑、议会记录——不论是公开的还是未公开的、不论是一般的还是个别的，在大不列颠联合王国的苏格兰地区永久保持不变。④

第25条

第1款至第7款　凡是与本法不一致或相反的法律在联合王国成立后失效，而且由英格兰王国议会和苏格兰王国议会根据《苏格兰教会安全法》和《英格兰教会安全法》的要旨宣布失效。《苏格兰教会安全法》和《英格兰教会安全法》规定联合王国成立之后苏格兰

---

①　此款的原文是"And that in the meantime the Great Seal of England be used as the Great Seal of the United Kingdom and that the Great Seal of the United Kingdom be used for Sealing all Treaties with Foreign Princes and States and all public Acts Instruments and Orders of State which Concern the whole United Kingdom and in all other matters relating to England as the Great Seal of England is now used and that a Seal in Scotland after the Union be always kept and made use of in all things relating to private Rights or Grants which have usually passed the Great Seal of Scotland and which only concern Offices，Grants which have usually passed the Great Seal of Scotland and which only concern Offices，Grants，Commissions and private Rights within that Kingdom."。

②　此款的原文是"And that until such Seal shall be appointed by Her Majesty the present Great Seal of Scotland shall be used for such purposes and that Privy Seal，Signet，Casset，Signet of the Justiciary Court，Quarter Seal and Seals of Courts now used in Scotland be Continued but that the said Seals be altered and adapted to the state of the Union as Her Majesty shall think fit."。

③　此款的原文是"And the said Seals and all of them and the Keepers of them shall be subject to such Regulations as the Parliament of Great Britain shall hereafter make."。

④　此款的原文是"And that the Crown，Scepter and Sword of State，the Records of Parliament and all other Records Rolls and Registers whatsoever both public and private general and particular and Warrands thereof Continue to be kept as they are within that part of the United Kingdom now called Scotland and that they shall so remain in all time coming notwithstanding of the Union."。

人和英格兰人各自的宗教信仰按现状保持，永久不受任何变更。①

　　第8款至第9款　前述的议会关于宗教的法案不仅永远有效，而且是英格兰王国和苏格兰王国之间的联合条约生效的根本条件。大不

---

　　① 此款的原文是 "That all Laws and Statutes in either Kingdom so far as they are contrary to or inconsistent with the Terms of these Articles or any of them shall from and after the Union cease and become void and shall be so declared to be by the respective Parliaments of the said Kingdoms FOLLOWS the Tenor of the foresaid *Act for securing the Protestant Religion and Presbyterian Church Government* Our Sovereign Lady and the Estates of Parliament considering That by the late *Act of Parliament for a Treaty with England for an Union* of both Kingdom It is provided That the Commissioners for that Treaty should not Treat of or concerning any alteration of the Worship Discipline and Government of the Church of this Kingdom as now by Law established Which Treaty being bow reported to the Parliament and it being reasonable and necessary that the True Protestant Religion as presently professed within this Kingdom with the Worship Discipline and Government of this Church should be effectually and unalterably secured Therefore Her Majesty with advice and consent of the said Estates of Parliament Doth hereby Establish and Confirm the said True Protestant Religion and the Worship Discipline and Government of this Church to continue without any alteration to the people of this Land in all succeeding generations. And more especially Her Majesty with advice and consent foresaid Ratifies Approves and forever Confirms the fifth Act of the first Parliament of King William and Queen Mary Entitled *Act Ratifying the Confession of Faith and settling Presbyterian Church Government* with the hail other Acts of Parliament relating thereto in prosecution of the Declaration of the Estates of this Kingdom containing the Claim of Right bearing date the eleventh of April One thousand six hundred and eighteen nine. And Her Majesty with advice and consent foresaid expressly Provides and Declares That the foresaid True Protestant Religion contained in the above-mentioned Confession of Faith with the form and purity of Worship presently in use within this Church by Kirk Sessions, Presbytries, Provincial Synods and General Assemblies all established by the foresaid *Acts of Parliament* pursuant to the Claim of Right shall Remain and Continue unalterable and that the said Presbyterian Government shall be the only Government of the Church within the Kingdom of Scotland. And further for the greater security of the foresaid *Protestant Religion and of the Worship Discipline and Government of this Church* as above established Her Majesty with advice and consent foresaid *Statutes and Ordains That the Universities and Colleges of Saint Andrews Glasgow Aberdeen and Edinburgh* as now Established by Law shall Continue within this Kingdom forever. And that the same within the bounds of this Church and Kingdom shall never be imposed upon or required of them in any sort. And Lastly that after the Decease of Her Present Majesty (whom God long preserve) the Sovereign succeeding to her in the Royal Government of the Kingdom of Great Britain shall in all time coming at his or her accession to the Crown Swear and Subscribe That they shall inviolably maintain and preserve the foresaid settlement of the True Protestant Religion with the Government Worship Discipline Right and Privileges of this Church as above established by the Laws of this Kingdom in prosecution of the Claim of Right. "。

列颠议会的任何法案都不能修改之。①

第10款　女王宣布所有与本法相反或不一致的法律都无效。②

以上就是1707年《联合法案》的全部内容。1707年《联合法案》从内容上看既有革命性也有保守性，其革命性体现在政治制度上，其保守性体现在宗教制度上。细言之，在政治制度上，两个王国实现完全的政治统一，苏格兰王国和英格兰王国自此消失，而且都成为大不列颠联合王国的一部分。联合王国由一个议会代表，联合王国的所有国民在联合王国及其自治领和殖民地享有完全的自由贸易权和航海权。在宗教制度上，英格兰原有的宗教信仰制度和苏格兰原有的宗教信仰制度都各自保持不变，即使是联合王国议会制定的法案也不得修改之。

对1707年联合的独特性和历史贡献，戴雪的评价恰如其分："在历史中，有许多国家的人民单纯通过武力或征服的权利兼并了许多土地和居民。进行武力征服的民族通常都成功地将被征服的人民变成征服者的附庸

---

①　此款的原文是 "And it is hereby Statute and Ordained That this Act of Parliament with the Establishment therein contained shall be held and observed in all time coming as a fundamental and essential Condition of any Treaty or Union to be Concluded between the Two Kingdoms without any Alteration thereof or Derogation thereto in any sort forever As also that this Act of Parliament and Settlement therein contained shall be Insert and Repeated in any Act of Parliament that shall pass for agreeing and concluding the foresaid Treaty or Union between the Two Kingdoms. And that the same shall be therein expressly Declared to be a fundamental and essential Condition of the said Treaty or Union in all time coming WHICH ARITCLES OF UNION and Act immediately above-written Her Majesty with advice and consent foresaid Statutes Enacts and Ordains to be and Continue in all time coming the sure and perpetual foundation of any complete and entire Union of the Two Kingdoms of Scotland and England under this express Condition and Provision That the Approbation and Ratification of the foresaid Articles and Act shall be no ways binding on this Kingdom until the said Articles and Act be Ratified Approved and Confirmed by Her Majesty with and by the Authority of the Parliament of Scotland Declaring nevertheless that the Parliament of England may provide for the security of the Church of England and not Derogating from the security above provided for Establishing of the Church of Scotland within the bounds of this Kingdom As also the said Parliament of England may extend the Additions and other provisions contained in the Articles of Union as above insert in favor of the Subjects of Scotland to and in favor of the Subjects of England which shall not suspend or Derogate from the force and effect of this present Ratification But shall be understood as herein included without the necessity of any new Ratification in the Parliament of Scotland. "。

②　此款的原文是 "And lastly Her Majesty Enacts and Declares That all Laws and Statutes in this Kingdom so far as they are contrary to or inconsistent with the terms of these Articles as abovementioned shall from and after the Union cease and become void. "。

与臣民，甚至变成了十分忠顺的臣民。……英格兰与苏格兰联合的独特之处在于，几个世纪以来，这两个国家的政治家们都遵循着具有政治家气魄的政策，他们相信，大不列颠的人民能够通过缔造一个多多少少集权的政府来统治整个不列颠岛，来增进自己的利益。但是自从爱德华一世起，由于糟糕的运气，征服苏格兰的努力失败了，从此两个国家之间就被刻骨铭心的民族主义仇恨分隔开来。双方征战各有胜负，各自都取得过一些胜利。不论依靠武力还是谈判都没法实现持久的联合。最后，由于幸运的机遇，两个国家受到同一个国王的统治，虽然在许多重要的方面两个国家仍然保持独立，是各自完全独立的国家。然而，17世纪一系列事件引起了大不列颠北部和南部居民之间新的、强烈的敌意，幸运被赶跑了。18世纪初，不列颠的政治家们（包括苏格兰和英格兰的政治家们）决定尝试能单纯地通过谈判而不使用威胁或武力就实现联合。由于这两个国家的居民都想要保存自身的民族特点，因此要实现这种想法就更加困难。在大多数同时代人看来，联合政策就是个幻象。然而，它最终成功了，并且在将近一个世纪的过程中确实将两个敌对的民族团结在一起，使她们组成了如今的大不列颠联合国家。在历史上很难找到类似的成功案例。斯堪的纳维亚国家之间的历史关系表明，即使是最强烈、最明显的自私自利的意志也能够艰难地将由于历史原因而彼此独立的国家统一在一起。同期，瑞典变成一个国家而不是21个多多少少独立的邦的过程是异常缓慢的，而维系荷兰联省共和国的制度又不尽完美。在脱离大不列颠取得独立之后，13个美洲殖民地成功地转变成了一个名为'合众国'的真正的民族。美洲人效仿的是1707年《联合法案》的作者们所取得的成功。但人们有理由地怀疑，在任何一个上述事例中，政治技艺能够像大不列颠一样克服重重困难，取得完全的胜利。与此同时，1707年辉格党人的杰作为成功的不列颠政治技艺树立了不朽的丰碑。确实，1707年《联合法案》曾经不受欢迎，然而，它取得了最当之无愧的成功。因为它是由议会中精力充沛、富于远见、最有耐心的政治家们制定并加以通过的。这次智慧立法的成功不是通过向流行的邦联主义、民族自决或某时的某一口号屈服而实现的。相反，它是通过明智的政治家们不懈的努力实现的，他们希望为英格兰和苏格兰的人民带来真正的利益。这些深思熟虑的领导者们花了一年又一年的时间设计联合的方案与计划。这一联合方案尽管并不受人欢迎，但确切地实现了英格兰政治家和苏格兰政治家想要达到的目标。"①

二、《1800 年联合法案》的表述

于 1800 年通过、1801 年生效的《1800 年联合法案》一共 8 条，它们对政治体制方面的规定如下：

> 大不列颠王国和爱尔兰王国自 1801 年 1 月 1 日起永久地联合为一个名叫"大不列颠与爱尔兰联合王国"的王国。大不列颠与爱尔兰联合王国及其自治领的帝国王位（Imperial Crown）的继承遵照大不列颠王国已有的规定。大不列颠与爱尔兰联合王国由且仅由一个议会代表，此议会即大不列颠与爱尔兰联合王国议会。爱尔兰选派 4 名代表教会的贵族和 28 名议员到大不列颠与爱尔兰联合王国的上议院，选派 100 名议员到大不列颠与爱尔兰联合王国的下议院。英格兰教会和爱尔兰教会合并为一个名叫"英格兰和爱尔兰的联合教会"的教会，此联合教会按照英格兰教会的现有制度永久存续。苏格兰的宗教和教会制度照 1707 年联合时的规定。大不列颠和爱尔兰国王的臣民从 1801 年 1 月 1 日起在经济、生产、贸易、航运等方面享有同等特权。大不列颠王国和爱尔兰王国各自原有的法律、制度，凡与《1800 年联合法案》不相冲突的，从联合之时起一概予以保留，且只有联合王国议会才能加以修改；凡是与《1800 年联合法案》相冲突的，在该联合法案生效之时起无效。②

三、《1998 年苏格兰法》的表述

1997 年 11 月，英国议会通过《1998 年苏格兰法》，该法于 1998 年 1 月 1 日生效。有必要注意两点：第一，《1998 年苏格兰法》在内容上与一

---

① ［英］A. V. 戴雪、R. S. 雷特：《思索英格兰与苏格兰的联合》，戴鹏飞译，上海三联书店 2016 年版，第 270 - 272 页。

② See *An Act for the Union of Great Britain and Ireland*，2 July 1800（40 George Ⅲ c.67）.

个叫苏格兰制宪会议（Scottish Constitutional Convention）的跨党派民间组织于 1995 年公布的白皮书有较大的相似性；第二，1997 年英国政府在制定《1998 年苏格兰法》之前，就是否设立苏格兰议会举行了苏格兰地区公投，法定多数的苏格兰选民在公投中投了赞成票。

《1998 年苏格兰法》对英国和苏格兰的宪法关系的规定主要体现在集中划分英国议会和苏格兰议会各自权限的第 28 条、第 29 条、第 30 条，以及对英国议会保留权力的细化的附件 4 和附件 5 上。由于《1998 年苏格兰法》附件 4 和附件 5 的条文太多，此处不一一翻译呈现，而仅将《1998 年苏格兰法》第 28 条、第 29 条、第 30 条的内容翻译如下：

第 28 条

第 1 款　根据第 29 条，苏格兰议会有权制定法律，苏格兰议会所制定的法律称为苏格兰议会法案。①

第 2 款　苏格兰议会法案的提案称为议案。任何一部这样的议案要成为苏格兰议会法案，必须获得苏格兰议会的通过和女王的同意（Royal Assent）。②

第 3 款　一旦在批准苏格兰议案的国王令状上加盖了苏格兰印章，并且女王在此令状上亲笔签名了，并且这份令状在大不列颠国印登记处完成了登记，这份苏格兰议案就获得了女王的同意。③

第 4 款　女王的同意日期必须由书记处写在苏格兰议会法案的上面，而且这个日期是此苏格兰议会法案的一部分。④

第 5 款　苏格兰议会法案的合法性不受苏格兰议会在制定这部法

---

① 此款的原文是 "Subject to section 29, the Parliament may make laws, to be known as *Acts of the Sctottish Parliament.*"。

② 此款的原文是 "Proposed *Acts of the Scottish Parliament* shall be known as Bills; and a Bill shall become an *Act of the Scottish Parliament* when it has been passed by the Parliament and has received Royal Assent."。

③ 此款的原文是 "A Bill recerives Royal Assent at the begining of the day on which letter Patent under the Scottish Seal signed with Her Majesty's own hand signifying her Assent are recorded in the Register of the Great Seal."。

④ 此款的原文是 "The date of Royal Assent shall be written on the *Act of the Scottish Parliament* by the Clerk, and shall form part of the Act."。

案的过程中出现的任何非法（invalidity）情况的影响。①

第 6 款　每一部苏格兰议会法案都受司法审查。②

第 7 款　本条的所有规定都不影响英国议会的为苏格兰立法的权力。③

第 29 条

第 1 款　任何一部苏格兰议会法只要任何一个条款不属于苏格兰议会的立法权限的，这部苏格兰议会法都不是法律。④

第 2 款　任何一个条款只要对以下事项进行规定的，就属于上一款中所称的"不在苏格兰议会权限内的立法"：⑤

（1）它对全国性事务或苏格兰以外的地区的事务进行规定，或者对在苏格兰以外的地区行使的职权进行授予或移除。⑥

（2）它与保留事务相关。⑦

（3）它违反了附件 4 所规定的限制。⑧

（4）它与人权法案或欧盟法不一致。⑨

（5）它废除苏格兰检察长作为整个苏格兰刑事起诉和死刑案件调查上的首长的职位。⑩

第 3 款　苏格兰议会法案的任何条款是否和保留事务有关，根据下一款的规定判断，此外还要参考被判断条款的目的以及可能产生的

---

① 此款的原文是 "The validity of an Act of the Scottish Parliament is not affected by any invalidity in the proceedings of the Parliament leading to its enactment."。

② 此款的原文是 "Every Act of the Scottish Parliament shall be judicially noticed."。

③ 此款的原文是 "This section does not affect the power of the parliament of the United Kingdom to make laws for Scotland."。

④ 此款的原文是 "An Act of the Scottish Parliament is not law so far as any provision of the Act is outside the legislative competence of the Parliament."。

⑤ 此款的原文是 "A provision is outside that competence so far as any of the following paragraphs apply –"。

⑥ 此项的原文是 "it would form part of the law of a country or territory other than Scotland, or confer or remove functions exercisable otherwise than in or as regards Scotland."。

⑦ 此项的原文是 "it relates to reserved matters."。

⑧ 此项的原文是 "it is in breach of the restrictions in Schedule 4."。

⑨ 此项的原文是 "it is incompatible with any of the Convention rights or with Community law."。

⑩ 此项的原文是 "it would remove the Lord Advocate from his position as head of the systems of criminal prosecution and investigation of deaths in Scotland."。

全方位的影响等一起来判断。①

　　第4款　苏格兰议会法案的任何条款如果修改苏格兰私法或者苏格兰刑法或者适用于保留事务，此条款就被视为触及了保留事务，除非此条款是为了使被提及的法律持续地适用于保留事务和其他事务。②

第30条

　　第1款　附件5（它对保留事务进行定义）有法律效力。③

　　第2款　女王在她认为必要的时候或者拿来作权宜之计的时候有权通过枢密院令（Order in Council）修改附件4和附件5。④

　　第3款　女王有权通过枢密院令明确与苏格兰有关的职权或者在苏格兰实行的职权，就像本法会基于本法的目的而对苏格兰有关或苏格兰内部的职权予以明确或不予明确的那样。⑤

　　第4款　女王还可以在她认为必要或作为权宜之计的时候通过枢密院令做出下列修改：⑥

　　（1）任何法案或任何国王特权（prerogative instrument），包括此法案的任何部分；或者⑦

---

　　①　此款的原文是"For the purpose of this section, the question whether a provision of an Act of the Scottish Parliament relates to a reserved matter is to be determinined, sugject to sudsection（4）, by reference to the purpose of the provision, having regard（among other things）to its effect in all the circumstances."。

　　②　此款的原文是"A provision which –（a）would otherwise not relate to reserved matters, but（b）makes modifications of Scots private law, or Scots criminal law, as it applies to reserved matters, is to be treated as relating to reserved matters unless the purpose of the provision is to make the law in question apply consistently to reserved matters and otherwise."。

　　③　此款的原文是"Schedule 5（which defines reserved matters）shall have effect."。

　　④　此款的原文是"Her Majesty may by Oder in Coucil make any modifications of Schedule 4 or 5 which She considers necessary or expedient."。

　　⑤　此款的原文是"Her Majesty may by Order in Council specify functions which are to be treated, for such purposes of this Act as may be specified, as being, or as not being, functions which are exercisable in or as regards Scotland."。

　　⑥　此款的原文是"An order in Council under this section may also make such modifications of –"。

　　⑦　此项的原文是"any enactment or prerogative instrument（including any enactment comprised in or made under this Act）, or"。

（2）任何其他制度或文件。①

《1998 年苏格兰法》关于英国和苏格兰关系的规定可以总结为：
（1）在苏格兰内部，设立由选民直选产生的苏格兰议会，苏格兰议会每届任期 4 年，拥有有限立法权和有限的税收自主权。有权规定苏格兰行政长官（Scottish Executive）是经苏格兰议会选举产生的首席部长（First Minister），苏格兰首席大臣选择其他部长必须经过苏格兰议会的批准，苏格兰首席部长对苏格兰议会自己负责。苏格兰议会拥有批准苏格兰预算的权力。（2）在中央和地方关系上，区分了保留事务（reserved matter）和下放事务（devolved matter），苏格兰议会对下放事务拥有立法权，但与此同时，威斯敏斯特议会保留对苏格兰一切事务的立法权。②《1998 年苏格兰法》还规定了自身与 1707 年《联合法案》的关系。《1998 年苏格兰法》第 37 条规定 1707 年《联合法案》继续有效，且要受制于《1998 年苏格兰法》。③

《1998 年苏格兰法》与那部最终遭公投否决的《1978 年苏格兰法》就下放事项做出了不同规定。《1978 年苏格兰法》以列举式规定了下放事项，以概括式规定了保留事项，即凡是不在下放事项的清单内的事项都属于保留事项。这种立法模式曾被批评为"冗长且笨重"的，而且未来可能要不断修改。《1998 年苏格兰法》选择了更理性的方式——对苏格兰议会做概括式授权，只对苏格兰议会的立法权做一些限制，而对保留事项则采取列举式。苏格兰议会就下放事项制定的法律称为苏格兰议会法案。《1998 年苏格兰法》第 29 条规定有下列情形的苏格兰议会法案无效：（1）声称在苏格兰以外的地区有效；（2）关乎保留事项的；（3）修改英国 1707 年《联合法案》的，或者修改《1972 年欧共体法》（*European*

---

① 此项的原文是 "any other instrument or document, as Her Majesty considers necessary or expedient in connection with other procision made by the Order."。

② See *Scotland Act 1998*, section 28, 29, 30, 31。条款的原文是 "（2）（3）（4）（5）The validity of an Act of the Scottish Parliament is not affected by any invalidity in the proceedings of the Parliament leading to its enactment. （6）Every Act of the Scottish Parliament shall be judicially noticed. （7）This section does not affect the power of the Parliament of the United Kingdom to make laws for Scotland."。

③ See *Scotland Act 1998*, section 37. 此条款的原文是 "The Union with *Scotland Act 1706* and the Union with *England Act 1707* have effect subject to this Act."。

Communities Act 1972）、《1998 年人权法》（Human Right Act 1998）和《1998 年苏格兰法》的；（4）与《1950 年欧洲人权公约》（Convention for the Protection of Human Rights and Fundamental Freedoms 1950）或欧共体法；（5）将苏格兰最高检察长（Lord Advocate）革职的法律。

　　2014 年苏格兰分离公投的结果是支持苏格兰独立的选民人数没有达到法定多数，苏格兰独立的法律议程就此戛然而止。但是，2016 年，英国议会通过了《2016 年苏格兰法》，此法的第 1 条、第 2 条是对《1998 年苏格兰法》的补充：

　　　　第 1 条　苏格兰议会和苏格兰政府是英国宪制中的永久部分。此规定和本法的其他条文相比，旨在表明英国议会和英国政府对苏格兰议会和苏格兰政府的承诺。为兑现此承诺，英国议会和英国政府特此宣布：除非基于苏格兰人民的公投结果，否则不得废除苏格兰议会和苏格兰政府。①
　　　　第 2 条　英国议会未经苏格兰议会的同意，一般情况下不对下放事务立法。②

　　至此，我们可以对苏格兰与英国的法律关系的由来做这样的小结：1707 年联合是苏格兰与英国的法律关系的元点，此关系得到了 1801 年联合和 1921 年后的英国的继承。1997 年权力下放后，苏格兰设有自己的议会，苏格兰议会对苏格兰自治范围内的事务享有立法权，在《2016 年苏格兰法》中，英国议会承诺，未经苏格兰议会同意一般不对苏格兰自治范围内的事务行使立法权。

第二节　"英苏关系"问题的主要争点

　　苏格兰与英国的法律关系经过 300 多年的发展和演进，其研究已经积累了相当数量的学术成果，产生了众多的分歧与争鸣。20 世纪 50 年代苏

---

① See Scotland Act 2016, section 1.
② See Scotland Act 2016, section 2.

格兰自治运动兴起后，苏格兰民族主义者、苏格兰分离主义者与英国统一主义者就以下三个问题争执不休。

一、1707 年联合的性质

1707 年联合的性质问题聚焦于 1707 年联合体是否构成一个主权国家。国家是由领土、人民、一定的政治组织和主权这四大要素构成的政治实体。[①] 对 1707 年联合的性质，他们有两种代表性观点：（1）主权国家说。最典型的英格兰联合主义者向来坚定地认为 1707 年联合是建立在英格兰议会主权原则之上的合并性联合（incorporating union）。[②] 既然是合并性联合，则联合而成的是单一制的主权国家。在 20 世纪 50 年代之前，似乎没有人对这种观点有过异议。[③] 还有的认为在 1707 年苏格兰和英格兰的联合中，苏格兰是一个无主权的民族国家，苏格兰虽然放弃了国家地位，但行政、司法、教会体系都得以保留且独立运行。[④] 这种观点也承认 1707 年联合而成的是一个主权国家。与第一种观点不同的是，此观点认为 1707 年联合而成的是联邦制国家，而第一种观点认为 1707 年联合而成的是单一制国家。（2）邦联说。如有的认为 1707 年联合而成的是一个国家联合体，而不是一个由不同人民组成的同质性国家。[⑤] 持此观点的理由是，1707 年联合而成的国家联合体是英格兰和苏格兰以订立条约的方式结成的，在这个条约之上，英格兰和苏格兰各自作为国家继续运行着。[⑥] 所谓国家联合体，就是指邦联。邦联不是国家，而是若干完全主权国家为维持它们对内和对外独立的目的，依据双方共同承认的国际条约而联合成

---

① 参见沈宗灵主编《法理学》（第三版），北京大学出版社 2012 年版，第 172 页。

② See Martin Loughlin, *The British Constitution：A Very Short Introduction*（Oxford：Oxford University Press，2013），p. 67.

③ See Martin Loughlin, *The British Constitution：A Very Short Introduction*（Oxford：Oxford University Press，2013），p. 67.

④ See Tom Nain, *The Break-up of Britain：Crisis and Neo-nationalism*（Altona Vie：Common Ground Pub，2003），p. 118.

⑤ 参见［英］韦农·波格丹诺《新英国宪法》，李松锋译，法律出版社 2014 年版，第 154 页。

⑥ See Elizabeth Wicks, *The Evolution of a Constitutional*（Oxford：Hart Publishing，2006），p. 167.

为一个具有自己的机关的联合体。①

二、英国议会是否有权修改联合法案

然而，即使 1707 年的《联合法案》中规定英格兰和苏格兰各自原有宗教制度永久不受变更，在英格兰王国和苏格兰王国联合之后的短短 5 年内，也就是在 1712 年，大不列颠议会就通过了一部规定在苏格兰地区恢复教会任免权的法案。② 同样在 1712 年，大不列颠议会还通过了一部《圣诞假期法案》(*An Act for Christmas Day*，1712)，此法案禁止苏格兰法院在圣诞节以及其他英格兰人认为是节日但苏格兰人并不视之为节日的日子里开庭。③ 毫无疑问，《圣诞假期法案》实则是大不列颠议会对苏格兰的宗教信仰制度的变更，是对《联合法案》的修改。

英国议会第一次出台与 1707 年联合所涉法案不一致或相抵触的法案时，苏格兰人愤怒地指责英国议会违反《联合法案》的精神和规定。④ 自此，苏格兰人和英格兰人开始争论英国议会是否有权修改和废除 1707 年联合所涉法案。此问题的答案无非两个——是或否。需要追问的是，如果英国议会有权修改和废除 1707 年联合所涉法案，那 1707 年联合所涉法案的性质和地位是什么，英国议会的权力又从何而来；如果无权，那 1707 年联合所涉法案的性质和地位是什么，1707 年联合时确立的权力组织体制又是什么。

坚持议会主权者认为，英国议会能更改 1707 年联合所涉法案。就 1707 年联合所涉法案的性质和地位，他们有两种代表性观点：（1）普通法律说。例如，戴雪认为："1707 年《联合法案》并非最高法（a supreme law），它和 1879 年《牙医法》(*Dentist Act*，1879)在地位上是一样

---

① 参见［英］劳特派特修订《奥本海国际法》上卷第一分册，石蒂、陈健译，商务印书馆 1971 年版，第 135－136 页。

② 参见［英］A. V. 戴雪、R. S. 雷特《思索英格兰与苏格兰的联合》，戴鹏飞译，上海三联书店 2016 年版，第 221 页。

③ 参见［英］A. V. 戴雪、R. S. 雷特《思索英格兰与苏格兰的联合》，戴鹏飞译，上海三联书店 2016 年版，第 222 页。

④ 参见［英］A. V. 戴雪、R. S. 雷特《思索英格兰与苏格兰的联合》，戴鹏飞译，上海三联书店 2016 年版，第 222－224 页。

的。"① 换言之，在戴雪看来，1707 年《联合法案》只是英国的一部普通法律。(2) 政治保证说。马丁·洛格林（Martin Loughlin）认为 1707 年联合时联合王国继承的是英格兰议会主权传统，但 1707 年联合方案所涉法律不是法律，只是政治保证，不具有法律拘束力。② 就英国议会的权力来源，戴雪一会儿认为来源于苏格兰议会和英格兰议会，一会儿认为来源于 1707 年联合法案。③ 对此，本章第三节将有介绍和批驳，在此处不赘述。

　　坚持英国议会无权更改 1707 年联合所涉法案者，大多是苏格兰法学家。④ 他们对于 1707 年联合所涉法案的性质和地位有三种较有代表性的观点：(1) 制宪性法律中的成文宪法说。尼尔·麦考密克认为英国议会之所以不能更改 1707 年《联合条约》，是因为 1707 年《联合法案》具有制宪性（constituent nature），而制宪性使 1707 年《联合法案》上升为成文宪法。⑤ (2) 制宪性法律中的高级法说。伊丽莎白·维克斯（Elizabeth Wicks）也认为 1707 年《联合法案》具有制宪性，英国议会及其权力都源于 1707 年《联合法案》，逻辑决定了英国议会不能撤销一部产生它、赋予它权力的法律。⑥ 但维克斯不认为 1707 年《联合法案》是成文宪法，而是英国议会不得变更的高级法（higher law）。⑦ (3) 建立在司法主权之上的根本法说。法律宪政主义者认为，英格兰王国的宪法传统是司法主权而非议会主权，普通法是不受议会更改的根本法（fundamental law），制

---

① See Martin Loughlin, *The British Constitution：A Very Short Introduction*（Oxford：Oxford University Press，2013），p. 67.

② See Martin Loughlin, *The British Constitution：A Very Short Introduction*（Oxford：Oxford University Press，2013），p. 67.

③ See Neil MacCormick, "Does the United Kingdom Have a Constitution? Reflections on MacCormick v. Lord Advocate," *Northern Ireland Legal Quarterly*，Vol. 29，1978，p. 7.

④ See Martin Loughlin, *The British Constitution：A Very Short Introduction*（Oxford：Oxford University Press，2013），p. 67.

⑤ See Neil MacCormick, *Questioning Sovereignty：Law，State，and Nation in the European Commonwealth*（Oxford：OxfordUniversity Press，1999），p. 56.

⑥ See Elizabeth Wicks, *The Evolution of a Constitutional*（Oxford：Hart Publishing，2006），p. 50；Neil MacCormick, "Is There a Constitutional Path to Scottish Independence?" *Parliamentary Affairs*，2000，p. 730.

⑦ See Elizabeth Wicks, "A New Constitution for a New State? —The 1707 *Union of England and Scotland*," *Law Quarterly Review*，Vol. 117，No. 1，2001，p. 119.

定法受制于普通法（common law），议会不得制定修改或废除建立在普通法之上的法律，否则会被司法机关推翻（strike down），1707 年《联合法案》正是建立在普通法之上，因而也是不受议会更改的根本法。① 至于英国议会的权力来源，尼尔·麦考密克认为 1707 年《联合法案》是成文宪法，1707 年《联合法案》是大不列颠的立法权、行政权和司法权的创设者和权力来源。② 维克斯也认为 1707 年《联合法案》是英国议会的创设者和权力来源，她曾发出如下诘问："英国议会怎么能够撤销一部产生它、赋予它权力的法律呢？"③ 至于 1707 年联合时确立的权力组织体制，尼尔·麦考密克认为："既然 1707 年《联合条约》是英国议会的创设者和赋权者，且给英国议会设置了明确限制，那么，一个必然的推论是司法机关有权修正英国议会违反 1707 年《联合条约》的行为，其修正方式是宣布（declare）英国议会相关立法无效（null and void）。"④

换言之，麦考密克认为司法机关对英国议会有司法审查权。维克斯则认为 1707 年《联合法案》创建的是一个单一制的、议会受限制的（a unitary and limited parliament）国家。⑤

三、1998 年权力下放是否使英国变成了非单一制

英国学界围绕"《1998 年苏格兰法》后苏格兰与英国的法律关系"一共产生了四种代表性观点，它们是议会主权式的单一制说、准联邦（quasi-federal）说、联邦说和邦联说。以下分述之：（1）议会主权式的单一制说。例如，1997 年英国政府的白皮书写着："英国议会现在和未来都

---

① See TRS Allan, "Law, Liberty and Justice," in Iain Halliday, "The Road to the Referendum: the role of law and politics," *Aberdeen Student Law Review*, Vol. 51, 2014, p. 47.

② See Neil MacCormick, "Does the United Kingdom Have a Constitution-Reflections on MacCormick v. Lord Advocate," *Northern Ireland Legal Quarterly*, 29 N. Ir. Legal Q. 1, 1978, p. 3.

③ See Elizabeth Wicks, *The Evolution of a Constitutional* (Oxford: Hart Publishing, 2006), p. 50; Neil MacCormick, "Is There a Constitutional Path to Scottish Independence?" *Parliamentary Affairs*, 2000, p. 730.

④ See Neil MacCormick, "Does The United Kingdom Have a Constitution? Reflections on MacCormick v. Lord Advocate," *Northern Ireland Legal Quarterly*, Vol. 29, No. 1, 1978, p. 3.

⑤ See Laurence Lustgarten, "Reviewed Work: The Evolution of a Constitution by Elizabeth Wicks," *The Modern Law Review*, Vol. 71, No. 1, 2008, p. 154.

对一切事务有至高权；作为使英国宪法现代化的政府决议的一部分，英国议会将通过下放立法权责给苏格兰议会的方式在苏格兰行使主权，但是这种权力下放将丝毫不减损英国议会在苏格兰的至高权力。"① 英国政府这是在重申议会主权，议会主权内含单一制。（2）准联邦说。例如，有学者认为："《1998 年苏格兰法》的主要内容是由苏格兰制宪会议所制定，出台前也经苏格兰人民公投同意，故其权威既来自威斯敏斯特议会，又植根于苏格兰人民，是苏格兰的准宪法。"② 这种观点的实质是将英国与苏格兰的法律关系解释成准联邦与准州的关系。准联邦是一种介于单一制和联邦制之间，但更偏向于联邦制的国家结构形式。（3）联邦说。例如，有学者认为："议会主权意味着议会对苏格兰内部事务方方面面的立法权，但权力下放后，议会对苏格兰就不再享有这种权力，而只能对在地方内部的公共事务上享有广泛立法权的苏格兰议会行使监督权，这种监督权甚至都相当模糊，因而权力下放后英国与苏格兰的关系更接近联邦主义。"③（4）邦联说。例如，英国法学家波格丹诺表示权力下放后联合王国是一个多国联合体。④

国内学界也关注了这一问题。马克思主义理论研究和建设工程重点教材《宪法学》认为："英国是单一制国家，但其组成单位苏格兰另有一套立法体系和司法体系，其权力也不都是基于中央的授予，而有基于传统的权力，但总体来说，英国仍为单一制国家。"⑤ 这段文字包含两个显性观点：（1）英国是一个单一制国家；（2）苏格兰是英国的组成单位，苏格兰的权力有两处来源，一是中央，二是传统。除了上述显性观点，观点（2）隐含着观点（3），即苏格兰的来自中央的权力与苏格兰的来自传统的权力是平行关系。我们知道，一国的中央是国家主权的代表，主权是一国不受干预地处理其对内对外事物的最高权力。⑥ 如果一国的领土上存在

---

① See *Scotland's Parliament* Cm 3658, 1997.

② 参见［英］韦农·波格丹诺《新英国宪法》，李松锋译，法律出版社 2014 年版，第 155、156 页。

③ 参见［英］韦农·波格丹诺《新英国宪法》，李松锋译，法律出版社 2014 年版，第 151 页。

④ 参见［英］韦农·波格丹诺《新英国宪法》，李松锋译，法律出版社 2014 年版，第 115、156 页。

⑤《宪法学》编写组：《宪法学》（第二版），高等教育出版社、人民出版社 2021 年版，第 121 页。

⑥ 参见沈宗灵主编《法理学》（第三版），北京大学出版社 2009 年版，第 172 页。

与主权平行的权力，那么这个权力必然与主权的性质相同，主权也不能加以干涉和取缔。因此，观点（3）还隐含着观点（4），即苏格兰拥有固有权力。将上述后面三个观点合起来表述，即苏格兰既是英国的组成单位，又有固有权力。我们或许也可依此理解为：英国与苏格兰的法律关系是联邦与州的关系。

第三节　也解"英苏关系"

从上一节的讨论可知，苏格兰与英国的法律关系取决于四个方面：第一，1707 年联合的性质；第二，1707 年联合时的立宪内容；第三，1707年联合所涉法案的性质和地位；第四，《1998 年人权法案》、公投和权力下放对英国宪制的影响。本节以陈端洪教授的"建国的本质是制宪权的行使"[①] 的主张为逻辑起点，重释联合法案的地位、1707 年联合的立宪内容[②]和议会的主权性立法权的来源，论证"英国议会从 1707 年联合时起既是立宪机关又是立法机关"的观点。也就是说，英国的议会主权历经1801 年联合、1921 年的新英国、1953 年英国对《1950 年欧洲人权公约》的加入与公投的引入、《1998 年人权法案》权力下放和"2016 年塞维尔惯例"入英国议会制定法而并未改变。在此基础上，本书认为，英国和苏格兰的宪法关系是单一制国家的中央与地方的关系。这一观点与英国中央政府的观点一致。

一、1707 年联合而成的是主权国而非邦联

1603—1707 年的联合之前，英格兰王国和苏格兰王国处于王位联合的阶段。王位联合实际上就是国际法上的身合国——两个主权国家由于共戴一个君主的偶然事实而联系起来。[③] 身合国不是一个国际人格者，组成

①　参见陈端洪《第三种形式的共和国的人民制宪权——论 1949 年〈共同纲领〉作为新中国建国宪法的正当性》，载《原道》（辑刊）2011 年，第 138 页。

②　此处的"宪法"取广义，是动态的，包括但不局限于文本化的 constitutional law。

③　参见［英］劳特派特修订《奥本海国际法》上卷第一分册，石蒂、陈健译，商务印书馆 1971 年版，第 134 页。

身合国的国家可以对彼此发动战争。① 大不列颠岛 1688—1689 年革命使英格兰王国和苏格兰王国的主权结构都发生了根本性改变，英格兰王国确立了立宪君主制，苏格兰王国的主权机关则从国王变成了苏格兰长老会大会和苏格兰议会，其中，苏格兰长老会大会取得了对苏格兰宗教事务的立法主权，苏格兰议会取得了对苏格兰世俗事务的立法主权。② 17 世纪末—18 世纪初，英格兰王国和苏格兰王国都产生了要进一步联合的需求。1700 年，安妮公主唯一幸存下来的孩子夭折，英格兰王国失去了 1689 年的《权利法案》安排的法定王位继承人，其经光荣革命才确立的立宪君主制有被颠覆的危险。不仅如此，英格兰在与法兰西的争霸中也处于不利地位。英格兰王国若要保护立宪君主制，使后背不受苏格兰的进攻并取得对法兰西的胜利，就必须与苏格兰王国进一步联合。苏格兰王国的经济由于达里安殖民项目的彻底破产和连年农业歉收而步入绝境，唯有与英格兰王国进一步联合才能摆脱困境。③ 在王位联合的基础上进一步联合只有两种可能：一种是联合成邦联，另一种是联合成主权国家。邦联不具有同质性，且成员是若干完全主权国家。在 1707 年联合谈判时，苏格兰派出的联合谈判代表们内部曾争论到底要和英格兰做合并性联合（incorporating union）还是邦联式联合，结果苏格兰的谈判代表们认为唯有合并式联合才符合苏格兰的最大利益。而且，这些苏格兰的谈判代表们发现英格兰王国的联合谈判代表根本不愿意就合并性联合之外的联合形式展开谈判。④ 1707 年联合的历史背景和 1707 年《联合法案》的起草过程都显示英格兰王国和苏格兰王国是要联合成一个主权国家而不是邦联。

不论关于 1707 年联合法案的性质存在多少争议，1707 年联合所涉法案都是对英格兰王国和苏格兰王国在联合时的意志的客观记载。而我们不妨从 1707 年联合所涉法案的文本入手，看看 1707 年联合而成的英国到底是一

① 参见［英］劳特派特修订《奥本海国际法》上卷第一分册，石蒂、陈健译，商务印书馆 1971 年版，第 134 页。
② 参见李丽颖《英格兰与苏格兰合并的历史渊源》，载《史学集刊》2011 年第 2 期，第 103 – 104 页。
③ 参见于艳茹《1707 年苏格兰与英格兰议会合并事件初探》，载《北大史学》2013 年第 0 期，第 306 – 308 页。
④ 参见［英］A. V. 戴雪、R. S. 雷特《思索英格兰与苏格兰的联合》，戴鹏飞译，上海三联书店 2016 年版，第 184 页。

个主权国家，还是一个邦联。1707 年《联合法案》第 1 条第 1 款规定："英格兰和苏格兰两个王国自 1707 年 5 月 1 日起永久地统一为一个名叫大不列颠的王国。"① 这一条款蕴含着两层意思：（1）英格兰和苏格兰在统一之前是两个王国，统一而成的也是王国。根据同一个法律文本中同语同义的原则，既然大不列颠王国和英格兰王国、苏格兰王国都是王国，那么大不列颠王国与英格兰王国、苏格兰王国就是同类型的存在。英格兰王国和苏格兰王国都是主权国家——这是人所共知的事实，大不列颠王国必定也是主权国家。（2）"英格兰王国和苏格兰王国永久地统一"这句话换一种说法就是"大不列颠王国是一种永久存在"。永久存在内含绝对存在。因此大不列颠王国是一种永久且绝对的存在。这恰恰符合主权理论对国家的设定——国家是永久且绝对存在的政治统一体。结合含义（1）和（2），我们可以说，依据 1707 年《联合法案》第 1 条第 1 款，英格兰王国和苏格兰王国联合而成的是一个永久且绝对的政治统一体（也就是主权国家）。

1707 年的《联合法案》对议会的规定也显示英格兰王国和苏格兰王国 1707 年联合而成的不可能是一个邦联。邦联的主要机关——有时也是唯一机关——是一个邦联议会，邦联议会对各成员国的完全主权没有任何影响，即使邦联还有议会之外的其他机关，邦联的所有机关也只被赋予对成员国而不是对各成员国公民的权力，出席邦联议会的是各成员国派出的外交使节。② 反观 1707 年的《联合法案》对议会的规定，可以发现以下事实：第一，大不列颠议会的议员不是外交使节，而是由英格兰议会的全体议员和苏格兰选派的 60 名议员（其中 15 名是上议员、45 名是下议员）共同组成。这些议员在大不列颠王国成立后全部转为大不列颠议会的议员。自第一届大不列颠议会起，45 名来自苏格兰的议员由苏格兰人选举产生。③ 第二，大不列颠王国成立后，大不列颠议会可以对所有臣民直接行使权力。如 1707 年《联合法案》第 15 条第 1 款规定，苏格兰所有臣民在联合王国境内享有平等贸易权。④ 大不列颠议会直接对臣民行使权力的条款在 1707 年《联合法案》中不胜枚举。

---

① See *Articles of Union*, 1707, section 1 (1).

② 参见［英］劳特派特修订《奥本海国际法》上卷第一分册，石蒂、陈健译，商务印书馆 1971 年版，第 136 页。

③ See *Articles of Union*, 1707, section 22.

④ See *Articles of Union*, 1707, section 15 (1).

二、议会主权是 1707 年联合时的立宪内容

人们容易仅仅因为 1707 年联合法案在创设时间上先于大不列颠王国及其议会，而将 1707 年《联合法案》视为包括大不列颠议会在内的一切权力机关都不可更改的法。这种认识错在误解了建国和制宪的本质，进而错将时间上的先后关系视为逻辑上的先后关系。

西耶斯（Emmanuel Abbe Si-eyes）提出代表制政治社会的形成在逻辑上包括两个时期：（1）民族（nation）形成时期。也就是众多孤立的个人想要联合起来，且仅此一举就形成了人民（或民族）的时期。人民有独立于个人意志的天然具有道德正当性的共同意志，这就是主权。主权对外意味着民族的独立主体地位，对内意味着制宪权——人民对共同体的政治存在类型和形式做出具体的总决断的权力。（2）建国时期。人民不能亲自出场，只能委派代表制宪。人民委派代表制宪，使代表制政府得以建立就是建国。① 民族形成时期虽然是一切人民主权学说的逻辑起点，但仅存于理论中，相继而来的一个问题是：如何证明实践中的政权和宪法具有道德正当性？对此，不同理论家有不同主张，如约翰·洛克（John Locke）提出了默认（tacit consent）理论，施米特坚持宪法实证主义，小理查德·H.法伦（Richard H. Fallon, Jr.）则倡导底线道德。② 本书采用洛克的默认理论，即人民对宪法规定的公共生活的参与是其制宪意志的事后表露。

据此，大不列颠王国的建立是大不列颠人民制宪权的运用。大不列颠政治统一体在苏格兰人民和英格兰人民想要联合成一个政治共同体时就存在了。制宪机关依据制宪权制定的是立宪内容（又称立宪性法律）。西耶斯将立宪内容分为两个层次：一是立法机构的组织与职能，这一层次的立法机构仅指人民的日常代表机关；二是各种行动机构的组织与职能。③ 本书认为西耶斯关于立宪内容的这些观点只有在那些无常在性制宪权代表的

---

① 参见［法］西耶斯《论特权——第三等级是什么?》，冯棠译，商务印书馆 1990 年版，第 58－61 页；参见陈端洪《制宪权与根本法》，中国法制出版社 2010 年版，第 202－203 页。

② 参见陈端洪《制宪权与根本法》，中国法制出版社 2010 年版，第 217－220 页。

③ 参见［法］西耶斯《论特权——第三等级是什么?》，冯棠译，商务印书馆 1990 年版，第 60 页。

成文宪法国家才成立，因为立宪内容即人民的制宪意志，人民的制宪意志既不需要按照特定程序，也无固定形式，故立宪内容并不一定表现为成文宪法，在形式上既可以成文，也可以不成文。如果成文，既可以是单一的文件，也可以是数部文件，还可以是单一文件或数部文件中的部分条款。有鉴于此，本书进而认为立宪内容包括如下两个层次的规则：一是国家主权权力的分配或行使，二是治理权的分配或行使。

1707 年的《联合法案》第 3 条和第 22 条第 8 款表达了国家主权权力的分配和行使：前者规定"大不列颠王国由且仅由大不列颠议会代表"①；后者规定"大不列颠议会只按照英格兰王国和苏格兰王国不联合的情况下英格兰议会可能运行的方式运行，除非遭女王解散"②。这两个条款合在一起有三层含义：（1）《联合法案》第 3 条的"代表"一词表明，在直接民主和代表制之间，大不列颠人民选择的是代表制。（2）《联合法案》第 3 条的"代表"一词将主权者大不列颠人民和大不列颠议会连接起来，大不列颠议会是大不列颠人民的代表机关，且大不列颠议会的权力具有道德内涵。（3）《联合法案》第 22 条第 8 款是指只要大不列颠议会存续着，它就按英格兰议会的模式运行。自光荣革命以来，英格兰王国的政制为议会主权制度，议会是国王、上议院和下议院的集合体，三者合在一起行使立法主权。所谓立法主权，是指以立法的方式行使主权性权力。上述三层含义合在一起就是议会主权原则。

1707 年的《联合法案》第 22 条第 8 款不仅是对大不列颠议会的性质、组织和职能的概括性规定，还是对该法案第 3 条的补充和解释。法案第 3 条只说了大不列颠议会是大不列颠人民的代表机关，但没有言明是何种性质的代表机关。人民的代表机关有三种：（1）特别代表。在建国时期，特别代表代表人民行使制宪权、确定立宪内容。我们称特别代表为"制宪机关"。（2）制宪权的常在性代表。特别代表也是制宪权代表，但与制宪权的常在性代表的区别在于：特别代表是临时代表，只在建国时接受人民的委托确定立宪内容，一旦制宪完成就告解散；而制宪权的常在代表存在于建国之后，与宪定权同在，凌驾于宪定权之上，不受制于宪法。（3）普通代表，又称常任代表或日常代表，就是广义的政府。普通代表

---

① See *Articles of Union*, 1707, section 3.

② See *Articles of Union*, 1707, section 22 (18).

行使的是宪定权，在宪法之下，宪法是其存在的条件，其权力也局限于有关治理的事务。[①] 议会主权原则意味着大不列颠议会既是英国人民的常在性代表（也就是制宪权的常在代表），又是日常代表中的立法机关。这就是说，大不列颠议会既行使制宪权，又行使立法权。托克维尔曾很有洞见地称，大不列颠议会既是立宪机关又是立法机构。[②]

议会主权原则也包含了治理权的分配与行使规则：在横向治理权力分配上，议会是立法机关，内阁行使最高行政权，内阁由议会产生、对议会负责，法院行使司法权，法院对议会没有违宪审查权；在中央与地方关系上实行单一制。

由此可见，1707 年英国建国时的立宪内容是且仅是议会主权原则。制宪是一个逻辑时刻，在政治实践中则是由多个事件组成的一段时间跨度。依据 1707 年《联合法案》，大不列颠议会全体议员在 1707 年 5 月 1 日这一天产生，也就是在大不列颠议会作为立宪机关的首日产生，作为立法机关的大不列颠议会也在这一天产生，大不列颠王国的行政机关和司法机关同样在这一天产生。因此，在逻辑上，大不列颠王国的建国时期应该是从 1707 年 1 月 16 日《联合法案》在苏格兰议会通过时起，一直到 1707 年 5 月 1 日大不列颠王国议会、内阁产生时止。《联合法案》第 1 条第 1 款规定，英格兰王国和苏格兰王国从 1707 年 5 月 1 日起永久联合为大不列颠王国。此条款只是大不列颠这个政治统一体的"出生证"，并不代表大不列颠王国从 1707 年 5 月 1 日起才存在。1707 年 5 月 1 日只是大不列颠王国的法律计时的开端。

三、1707 年联合法案不是成文宪法

英国人民在英格兰王国和苏格兰王国产生要联合为一个国家的想法的那一刻就存在了。大不列颠议会从成为制宪权的常在代表那一刻起，其主权性权威并非来自任何书面文件，而是从英国人民那里获得的。作为制宪权的常在代表的大不列颠议会一经成立，大不列颠议会就凌驾一切法律

---

① 参见陈端洪《制宪权与根本法》，中国法制出版社 2010 年版，第 22 页。

② 参见［英］A. V. 戴雪《英国宪法研究导论》，何永红译，商务印书馆 2019 年版，第 152 – 153 页。

（包括成文宪法），与成文宪法之下的宪定权同在，国家的立宪政治与日常政治并存。因此，虽然1707年《联合法案》的第3条和第22条第8款中包含着议会主权原则，但这两个条款并不是议会的主权性立法权的赋权者，它们只是制宪机关——苏格兰议会、苏格兰女王、英格兰议会、英格兰女王——将英国人民要把主权性立法权赋予大不列颠议会的这个意志以文字方式加以宣示和记载的结果。不管这两个条款在与不在，只要大不列颠议会取得了主权性立法权，不管大不列颠议会以何种方式取得，议会主权原则就是英国的立宪内容，除非人民让另一个机关充当制宪权的常在代表。

大不列颠议会除了是立宪机关，还是立法机关。相对于作为立法机关的大不列颠议会和其他宪定权而言，1707年联合所涉法案构成成文宪法。成文宪法是人民的日常代表机关（如内阁、法院和作为立法机关的议会）的创造者和赋权者，对这些机关有法律拘束力，因此，作为立法机关的议会不得违反之。然而，由于大不列颠议会这个"肉身""身兼双职"——既是立宪机关，又是立法机关，因此，只要出现限制大不列颠普通立法权的法律，就会造成限制大不列颠议会的制宪权的客观效果。这时，大不列颠议会就可以凭借其主权性立法权，修改或废除一切于自身有碍或与自己意志相左的规则（包括成文宪法）。当大不列颠议会修改或废除1707年的成文宪法时，大不列颠议会就再以立宪机关的身份代表英国人民重新制定成文宪法。

在300多年的实践中，大不列颠议会修改或废除宪法性法律、普通法律所使用的程序没有任何区别。一切法律才看起来都像是普通法律，没有高低之分。尼尔·麦考密克认为："联合合意具有制宪性（constituent），因此是不可更改的根本法（unalterable fundamental law）。制宪性法律除了是宪法，还能是什么？大不列颠议会的法律基础是1707年制宪性法律。大不列颠的立法机构、行政机关、司法机关构成的政府都由1707年联合合意所设定。受设定的权力能修改设定它的法律，这在法律上和逻辑上都是荒谬的。因此，政府制定的凡是与联合合意相抵触的法律，都是无效的。"[1]

---

① See Neil MacCormick, "Does The United Kingdom Have a Constitution? Reflections on MacCormick v. Lord Advocate," *Northern Ireland Legal Quarterly*, Vol. 29, No. 1, 1978, pp. 1−3.

麦考密克错在未能看到议会的制宪权常在代表这一身份，误将1707年联合法案视为大不列颠议会主权性立法权的来源，误认为苏格兰自治权是固有的且不受英国议会干涉的。在 MacCormick v. Lord Advocate 案中，Lord Advocate 也认为对1707年联合条款中明确自身不能修改的条款，大不列颠议会不能加以修改和废除。① Lord Advocate 和麦考密克犯了同样的错误。

戴雪提出，仅凭议会能够改变任何法律这一事实就可以归纳出英国奉行的是议会主权。② 即使如此，戴雪似乎也感觉到了有必要确定大不列颠议会的立法主权的来源。对此，他写道："在1707年联合中，英格兰议会和苏格兰议会把自己的主权（sovereign power）转移（transfer）给了大不列颠议会。恰恰因为大不列颠议会获得了两个立法机关的全部权威（full authority），它成了主权立法机关（sovereign legislature），也就有了修改和废除1707年联合法案的权威，即使这种做法可能违反了它的创建者（creators）——英格兰议会和苏格兰议会——的本意，即使它由1707年联合法案所创设（constitute）。如果1707年联合法案保留了苏格兰议会和英格兰议会，即使只是为了让苏格兰议会和英格兰议会在必要时修改1707年联合法案，且如果1707年联合法案将制定不同联合法案相抵触的法案的权力授予（confer）给了大不列颠议会，那么1707年联合法案就是大不列颠议会不得以立法方式加以变更的根本法，大不列颠议会就成了从属性立法机关（subordinate legislature），联合王国的终极主权机关也就变成了苏格兰议会和英格兰议会。"③

戴雪的这段话包含了六层意思：（1）大不列颠议会由1707年的《联合法案》创设。（2）大不列颠议会由苏格兰议会和英格兰议会创设。（3）苏格兰议会和英格兰议会都拥有对自己国家的绝对主权，它们将自身的全部权威转移给了大不列颠议会。换言之，大不列颠议会的立法主权

---

① See Neil MacCormick，"Does The United Kingdom Have a Constitution? Reflections on MacCormick v. Lord Advocate," *Northern Ireland Legal Quarterly*，Vol. 29，No. 1，1978，pp. 1 – 3.

② 参见［英］A. V. 戴雪《英国宪法研究导论》，何永红译，商务印书馆2019年版，第153 – 156页。

③ See Op. cit，pp. 68 – 69，guoted from Neil MacCormick，"Does The United Kingdom Have a Constitution? Reflections on MacCormick v. Lord Advocate," *Northern Ireland Legal Quarterly*，Vol. 29，No. 1，1978，p. 7.

来自英格兰议会和苏格兰议会。（4）大不列颠议会行使的是主权性立法权，这一立法主权指能制定和修改一切法律的权力，包括创设大不列颠议会的法律。（5）正是大不列颠议会获得的主权，使大不列颠议会反过来成了一个独立于苏格兰议会和英格兰议会的主权性立法机关，也使大不列颠议会凌驾于包括1707年《联合法案》在内的一切法案。（6）苏格兰议会和英格兰议会在联合之后是存还是废，取决于1707年《联合法案》。大不列颠议会之所以有主权性立法权，也是因为1707年《联合法案》将这样的权力授予大不列颠议会。如果不是1707年《联合法案》做如此安排，大不列颠议会就只是一个不得违背1707年《联合法案》的从属性立法机关，苏格兰议会和英格兰议会也会被保存下来并充当联合王国的主权机关。

这六层意思的逻辑比较混乱。其混乱之处体现在：关于大不列颠议会的创设者，含义（1）和（2）不一致。关于大不列颠议会的主权性立法权的来源，含义（3）和（6）也不一致。关于1707年《联合法案》、苏格兰议会和英格兰议会、大不列颠议会的关系，含义（6）的说法让人理不清头绪。除了逻辑上的混乱，含义（3）也不符合历史事实，至少不符合戴雪的另一部专著《思索英格兰与苏格兰的联合》中的结论：1688—1689年革命后至1707年联合之前，苏格兰的主权机关是苏格兰议会和苏格兰长老会大会，苏格兰议会对世俗事务拥有立法主权，而苏格兰长老会大会对宗教事务拥有立法主权。[①]戴雪在论证大不列颠议会的主权性立法权的来源时之所以左支右绌，根本原因是他未能像托克维尔那样正确地将大不列颠议会的身份区分为立宪机关和立法机关，未能从制宪权处寻找大不列颠议会主权性权力的来源。

四、《1998年人权法案》、公投和权力下放都未改变英国议会主权原则

在1707年至1997年之间，苏格兰和英国的法律关系还有两个非关键的时间节点，它们是1801年和1921年。之所以将它们称为节点，是因为

---

① 参见［英］A. V. 戴雪、R. S. 雷特《思索英格兰与苏格兰的联合》，戴鹏飞译，上海三联书店2016年版，第62—92页。

两个事实：相对 1707 年的英国而言，1801 年的英国是一个新的国家；相对 1801 年的英国而言，1921 年的英国又是一个新的国家。之所以说这些节点并不关键，是因为 1707 年联合时确立的议会主权结构在这些节点上得到了继承，1707 年联合时确立的英国与苏格兰的法律关系也因此得以继续。以 1801 年联合为例，有学者评价说："1801 年联合是按 1707 联合的模式而来的……大不列颠与爱尔兰联合王国没有改变政制和社会秩序。"①

有人将《1950 年欧洲人权公约》和英国的《1998 年人权法案》共同视为英国宪制的变革，理由是《1998 年人权法案》第 3 条规定英国的法院在人权案件中解释国内法律时应尽量与《1950 年欧洲人权公约》一致。② 这种观点是经不起推敲的。《1950 年欧洲人权公约》确是一部有效的国际条约，但英国加入其中，只表明英国愿意在国际法层面受此条约的约束，并不意味着英国制宪权受其限制。《1998 年人权法案》实质上是将《1950 年欧洲人权公约》纳入英国议会主权的宪制框架，不仅不代表英国议会让出自己掌握的主权性立法权，反而表明英国议会的主权性立法权再次得到运用。在效果上，《1998 年人权法案》不仅没有使英国议会的主权性立法权遭受减损，其反而得到了增强。③

还有人将公投制度在英国的引入视为英国议会主权结构的质变。这也是一种误解。的确，英国人民是制宪权本身，对作为制宪权常在代表的英国议会构成监督和制约。也唯有英国人民，才能对英国议会的主权性立法权构成限制。但是，这并不是说公投就等同于人民的行动。人民这个政治实体不受法定程序限制，只有实实在在聚集起来的人民才能行使制宪权。一旦建国时确定的是代表制，在建国完成后，国家将进入日常政治，代表制政府也将开始运转，而人民从主权者变成受代表制政府统治的臣民，人民在宪法的框架内以选民的身份或拥有表决权的国民的身份行使宪法性法律规定的某些权力。④ 公投不是人民行使制宪权的程序，只是制定法上的

---

① See D. George Boyce, Alan O's Day, et al., *Defenders of the Union——A Survey of British and Irish unionism since* 1801 (London: Routledge, 2001), pp. 1 – 19.

② *Human Right Act 1998*, section 3.

③ See Elizabeth Wicks, *The Evolution of a Constitutional* (Oxford: Hart Publishing, 2006), p. 132.

④ 参见［德］卡尔·施米特《宪法学说》，刘锋译，上海人民出版社 2013 年版，第 256 页。

一种表决制度，受制于议会主权；公投结果不是人民的意志，只是私人意见的总和，对议会没有法律约束力，只能为议会提供参考和建议。英国宪法学家雷德里克·波洛克（Frederick Pollock）评价说："法院可以对所有选区的选民通过的一项完全相同的决议置之不理，因为这种决议不会有任何法律效力。"① 不过，公投虽然只是法定活动，但仍有可能将人民这个政治实体引出来。必须明白的是，人民的出场也并不是因为公投的举行，而是人民根据其自身的意志出场。当绝大多数选民在公投中对同一个选项持相同意见时，这种意见就是人民的意志——如果出现这种情形，我们称其为法定程序的"征候效应"。然而，即使出现"征候效应"，只要英国人民未将制宪权授予英国议会之外的其他机关，英国议会就仍旧是制宪权的常在代表。

《1998 年苏格兰法》是英国和苏格兰的法律关系自 1707 年以来的一道分水岭，因为它创设了对苏格兰内部事务拥有广泛立法权的苏格兰议会。《1998 年苏格兰法》第 28 ～ 30 条是关乎苏格兰议会立法权的核心条款，它们明确规定苏格兰议会的立法权不得超越苏格兰法所设的界限，苏格兰议会越界的立法无效。第 28 条第 6 款也规定苏格兰议会的所有立法都受司法审查，第 28 条第 7 款还规定苏格兰议会的立法权并不影响英国议会为苏格兰立法的权力。② 这说明了三点：（1）苏格兰的自治权来源于英国中央的授予。（2）《1998 年苏格兰法》是苏格兰议会的创设性法律，其合法性来源于英国议会，是苏格兰议会的根本法，也就是苏格兰议会必须遵守的、不得变更的法律，但并不是英国议会不可变更的法律。（3）司法机关有权宣告苏格兰议会制定的法律是否有效或是否合宪。这三点足以说明苏格兰议会不是一个主权性立法机关，而是一个从属性立法机关。

---

① See Frederick Pollock, *A First Book of Jurisprudence*, 5th edition（London：Macmillan，1923），p. 274. 转引自［英］韦农·波格丹诺《新英国宪法》，李松锋译，法律出版社 2014 年版，第 253 页。

② See *Scotland Act 1998*，section 28（6）（7），29，30.

五、"塞维尔惯例"也不能改变议会主权

苏格兰议会设立后，英国议会形成了"塞维尔惯例"。所谓"塞维尔惯例"，简单地说是指在未经苏格兰议会同意的情况下，英国议会一般不对苏格兰内部事务立法。有人因此主张英国和苏格兰的法律关系形成了联邦 – 州的格局。这种观点不能成立。1998 年权力下放后，英国议会的确几乎没有就苏格兰内部事务立法，但英国议会不对苏格兰内部事务立法，仅仅是基于英国议会的自我克制，不干涉不等于无权干涉。

2016 年，英国议会将"塞维尔惯例"写进《1998 年苏格兰法》，自此，《1998 年苏格兰法》成为《2016 年苏格兰法》。此前，"塞维尔惯例"既非宪法惯例，也非普通法，只是英国议会内部的一个工作机制。英国议会将其写入《1998 年苏格兰法》的举动更证明了这不是宪法惯例，因为英国的宪法惯例即使有书面形式，也不能记录在法规中。"塞维尔惯例"被写进《1998 年苏格兰法》的举动不仅充分说明英国议会有权就英国议会与苏格兰议会之间的工作机制做出规定，而且充分说明"塞维尔惯例"的存在没有撼动英国议会原有的主权性立法权。《2016 年苏格兰法》第 1 条规定，除非经苏格兰人公投同意，否则永不撤销苏格兰议会，但该法条也言明了它与其他条款的区别在于它是英国议会和英国政府给苏格兰议会和苏格兰政府的承诺。[①] 这种承诺在规范层面并不表明苏格兰议会的合法性来源是苏格兰居民，它只表明英国议会未来在决定是否撤销苏格兰议会时，愿意将苏格兰人的意见作为决策参考。英国议会在《2016 年苏格兰法》第 2 条规定，英国议会一般情况下（normally）不经苏格兰议会的同意，不对下放事务立法。[②] 这一条的"一般情况"是一个重要限定语，它指在日常政治的一般情况。因而，《2016 年苏格兰法》第 1 条、第 2 条的完整内涵应该是以下两点：（1）在日常政治中，英国议会是日常代表，即国家立法机关，苏格兰在自治范围内可以解决的问题，作为立法机关的英国议会必须尊重苏格兰的自治。如果苏格兰发生了依靠自治权解决不了的问题，苏格兰可以求助于英国中央，此时的求助等同于苏格兰议会对英

---

① See *Scotland Act 2016*, section 1.
② See *Scotland Act 2016*, section 2.

国议会就下放事务立法的同意。如果苏格兰发生了超出苏格兰自治权的事，苏格兰又不主动向英国中央求助，这时英国议会可以仅凭其日常立法权主动对下放事务立法。（2）作为制宪权常在代表的英国议会可以在任何时候——不管国家处于日常政治状态还是非常政治状态——凭借其主权性立法权任意修改或废除《2016 年苏格兰法》第 2 条和任何其他法律条文，无须包括苏格兰议会在内的任何宪定权的同意。

第五章　苏格兰分离公投的合法性问题

　　2014 年苏格兰分离公投虽然已经落下帷幕，然而，其合法性问题在学界仍处于极大争议之中。[①] 有人认为 2014 年苏格兰分离公投不具有合法性，有人认为具有合法性。即使在 "2014 年苏格兰分离公投有合法性" 这一派观点中，对于 2014 年苏格兰分离公投的合法性来源，人们也持不同看法。本章以 2014 年苏格兰分离公投为例分析苏格兰分离公投的合法性问题。为解决此问题，本章首先开宗明义地指出苏格兰没有法律上的分离权，接着介绍 2014 年苏格兰分离公投的详细过程，也就是其法律程序。最后分析英国政府订立《爱丁堡协议》的宪法意义、使用枢密院令在苏格兰分离过程中的意义、英国议会和苏格兰议会在这场公投中的角色。

第一节　苏格兰无法律上的分离权

　　根据英国的议会主权原则、1707 年《联合法案》、《1800 年联合法案》、《1998 年苏格兰法》和《2016 年苏格兰法》，苏格兰在英国的法律地位可以总结为以下三个方面的内容。

　　首先，英国是单一制国家，作为英国组成部分的苏格兰是英国不可分离的一部分。不可分离是指苏格兰在任何情况下都没有退出英国的法律权利。英国作为一个君主立宪国家，能解散英国这个政治统一体的只有作为

---

　　① See "The Referendum：Memorandum of Agreement and Draft Section 30 Order," 参见网页 https：//www. scottishconstitutionalfutures. org/OpinionandAnalysis/ViewBlogPost/tabid/1767/articleType/ArticleView/articleId/340/Aileen – McHarg – The – Referendum – Memorandum – of – Agreement – and – Draft – Section – 30 – Order. aspx，刊载日期：2012 年 10 月 16 日。

主权者的英国人民和英国君主。

其次，苏格兰是直辖于英国中央政府的地方行政区域。虽然《1998年苏格兰法》规定了苏格兰地区设立自己的议会、建立行使行政权的政府，但是《1998年苏格兰法》也明确地规定了英国女王有权凭借枢密院令的方式修改任何法案。而女王的枢密院令是英国议会立法的一种重要方式。这就说明苏格兰虽然获得了一些自治权，但苏格兰政府是英国中央政府的下级，苏格兰地区是直辖于英国中央政府的地方行政区域，并非联邦制下的邦成员。

最后，相比英格兰地区和威尔士地区，苏格兰地区享有的自治权要大一些。其享有行政管理权、立法权、相对独立的司法权，但是不享有终审权。苏格兰地区除了悬挂和使用英国的国旗、国徽外，还可以使用自己的区旗、区徽，也可以同时用英语和苏格兰语作为官方语言。

总之，苏格兰地区享有的自治权在性质上是一种单一制下的地方自治，不是固有权力，亦不存在联邦制下的"剩余权力"问题。苏格兰没有法律上的分离权。

第二节　2014年苏格兰分离公投的合法性问题

一、2014年苏格兰分离公投的全过程

《1998年苏格兰法》通过之后，苏格兰内部对苏格兰的未来意见分歧很大。在2007年苏格兰议会选举以微弱优势胜出的苏格兰国民党控制了苏格兰政府，此届苏格兰政府随即发布了一份列举着苏格兰几种可能的未来的白皮书。据载，苏格兰未来的可能性之一是独立。这份白皮书出台后，苏格兰国民党就向苏格兰议会提出了一项在苏格兰地区举行苏格兰脱离公投的议案。但此时的苏格兰议会大多数议席并不由苏格兰国民党独自控制，而是由苏格兰劳动党、苏格兰保守党和苏格兰自由民主党这三大党共同控制，这三大党都反对举行苏格兰独立公民投票。苏格兰三大党不仅反对苏格兰独立，还委托肯尼斯·考曼（Kenneth Calman）组成委员会去

评估"权力下放苏格兰"。① 该委员会的结论是，苏格兰的未来有多种宪法可能性，但唯独不应独立。② 尽管如此，苏格兰国民党所控制的苏格兰政府还是坚持在 2009 年 8 月提出了一份名为"苏格兰 2010 年公民投票法"的法律草案给苏格兰议会，草案将可能于 2010 年举行的苏格兰独立公民投票的相关内容予以细化。该草案遭到了由苏格兰国民党以外的三大党控制的苏格兰议会的否决。③ 2011 年，苏格兰国民党在苏格兰议会选举中以压倒性优势蝉联第一大党④后，在苏格兰组建了多数派政府。自此，在苏格兰政坛风生水起的苏格兰国民党便要实现苏格兰独立。⑤

2012 年 1 月，英国政府承诺给苏格兰议会提供举行独立公民投票的具体权力——只要其所举行的公民投票是公平的、合法的和决定性的（fair，legal，decisive）。⑥ 2012 年 10 月 15 日，英国政府和苏格兰政府就 2014 年苏格兰分离公投事宜签订《爱丁堡协议》。⑦ 此协议原文如下：

The Edinburgh Agreement (*Agreement between the United kingdom Government and the Scottish Government on a referendum on independence for Scotland*) is the agreement between the Scottish Government and the United Kingdom Government，signed on 15 October 2012 at St Andrew's House，Edinburgh，on the terms for the Scottish independence referendum，2014.

Both government agreed that the referendum should：

· have a clear legal base；

· be legislate for by the Scottish Parliament；

① "SNP outlines independence plans，" *BBC News*，14 August 2007.

② "UK ｜ Scots split would harm UK – Brown，" *BBC News*，25 November 2006，Retrieved 6 April 2009.

③ "Commission on Scottish Devolution，" *Commission on Scottish Devolution*，6 April 2009.

④ "Calman devolution commission revealed，" *The Herald*，28 April 2008.

⑤ MacLeod，"Salmond to push ahead with referendum Bill，" *The Times*. London：Archived from the original，2009.

⑥ *BBC News*，"Scottish independence plan 'an election issue'，" 6 September 2010；*BBC News*，"Scottish election：SNP wins election，" 6 May 2011.

⑦ 在《爱丁堡协议》中，英国政府和苏格兰政府都认为苏格兰分离公投应该有合法性基础（legal base）。

· be conducted so as to command the confidence of parliaments, government and people;

· deliver a fair test and decisive expression of the views of people in Scotland and a result that everyone will respect.

The governments agreed to promote an Order in council under Section 30 of the *Scotland Act* 1998 to allow a single-question referendum on Scottish independence to be held before the end of 2014 so to put beyond doubt that the Scottish Parliament can legislate for the referendum.

The agreement was signed by David Cameron, Prime Minister; Michael Moor, Secretary of State for Scotland; Alex Salmond, First Minister; and Nicola Sturgeon, Deputy First Minister.

现将此协议翻译如下：

《爱丁堡协议》是苏格兰政府和英国政府之间就 2014 年苏格兰分离公投达成的协议，于 2012 年 10 月 15 日苏格兰圣安德鲁大厦签订。苏格兰政府和英国政府同意：

（1）2014 年苏格兰分离公投应有明确的合法性基础。

（2）应由苏格兰议会为 2014 年苏格兰分离公投的具体事宜立法。

（3）2014 年苏格兰分离公投的实施方式应该得到英国议会和苏格兰议会、英国政府和苏格兰政府以及人民的信任。

（4）2014 年苏格兰分离公投所设的问题应当公平合理，所设问题的答案应该足以传达出苏格兰地区人民的决定性观点，2014 年苏格兰分离公投的结果应得到每一个人的尊重。

苏格兰政府和英国政府同意依据《1998 年苏格兰法》第 30 条，在 2014 年年底之前就苏格兰独立问题举行一次一问式公投的枢密院令，这条枢密院令是为了排除对苏格兰议会是否拥有对 2014 年苏格兰分离公投立法权的怀疑。

本协议由英国首相大卫·卡梅隆（David Cameron）、英国的负责苏格兰事务的国务大臣米歇尔·摩尔（Michael Moore）、苏格兰政府首长阿列克斯·萨尔蒙德（Alex Salmond）、苏格兰政府次长尼古拉·斯特吉恩（Nicola Sturgeon）签字。

2012年1月10日，时任英国政府苏格兰事务国务委员（the Secretary of State for Scotland）的米歇尔·摩尔向英国下议院做报告时提出了一份名为《苏格兰未来的宪法地位》（*Scotland's Constitutional Future*，2012）的咨询文件。此文件提出，可以将举行苏格兰分离公投的权力下放给苏格兰议会，而且此次下放应该优先采用《1998年苏格兰法》第30条所规定的枢密院令（以下简称"S30枢密院令"）的方式。① 就在同一天，苏格兰内阁（Scotland Cabinet）同意了《苏格兰未来的宪法地位》这一文件，苏格兰内阁第一大臣阿列克斯·萨尔蒙德宣布苏格兰分离公投将于2014年举行。②

2012年10月15日，英国政府和苏格兰政府签订《爱丁堡协议》，此协议包括一份专门针对苏格兰分离公投的S30枢密院令草案，该草案中记载着苏格兰议会在2014年秋季举行分离公投的方式。③

2012年10月22日，S30枢密院令被提交到了英国议会。④

2012年12月，苏格兰议会批准了S30枢密院令。⑤

2013年1月15日，英国下议院讨论并批准了S30枢密院令。⑥

2013年1月16日，英国上议院讨论并批准了S30枢密院令。⑦

2013年8月7日，《2013年苏格兰分离公投（选举权人）法》（*Scottish Independence Referendum Franchise Act 2013*）在苏格兰议会通过且得到

---

① See Nicole Winchester, "Scottish Independence Referendum Procedure Section 30 Orders," *House of Lords Library in Focus*, Vol. 36, No. 3, 2017, p. 4.

② See Nicole Winchester, "Scottish Independence Referendum Procedure Section 30 Orders," *House of Lords Library in Focus*, Vol. 36, No. 3, 2017, p. 4.

③ See Nicole Winchester, "Scottish Independence Referendum Procedure Section 30 Orders," *House of Lords Library in Focus*, Vol. 36, No. 3, 2017, p. 4.

④ See Nicole Winchester, "Scottish Independence Referendum Procedure Section 30 Orders," *House of Lords Library in Focus*, Vol. 36, No. 3, 2017, p. 4.

⑤ See Nicole Winchester, "Scottish Independence Referendum Procedure Section 30 Orders," *House of Lords Library in Focus*, Vol. 36, No. 3, 2017, p. 4.

⑥ See Nicole Winchester, "Scottish Independence Referendum Procedure Section 30 Orders," *House of Lords Library in Focus*, Vol. 36, No. 3, 2017, p. 4.

⑦ See Nicole Winchester, "Scottish Independence Referendum Procedure Section 30 Orders," *House of Lords Library in Focus*, Vol. 36, No. 3, 2017, p. 4.

了女王的同意（Royal Assent）。《2013 年苏格兰分离公投（选举权人）法》规定了在苏格兰分离公投中有投票权的人群范围。在投票权人问题上，该法将投票权人的年龄从原来的 18 岁以上降低到 16 岁以上，扩宽了投票权人群范围。①

2013 年 12 月 17 日，苏格兰议会通过了《2013 年苏格兰分离公投法》（*Scottish Independence Referendum Act 2013*），并得到了女王的同意（Royal Assent）。此法详细规定了公投问题的提问方式以及公投如何举行。②

2014 年 9 月 18 日，苏格兰分离公投举行。公投的问题是："苏格兰应该是一个独立的国家吗？"（*Should Scotland be an independent country?*）

2014 年 9 月 19 日公布苏格兰分离公投结果：55.3% 的投票人选择了"否"，44.7% 的投票人选择了"是"，投票率为 84.6%。这意味着苏格兰仍然是英国的一部分。③

以上便是 2014 年苏格兰分离公投的全过程。

二、《爱丁堡协议》不具有启动 2014 年苏格兰分离公投的法律效力

在英国议会同意在苏格兰地区举行公投前，英国政府和苏格兰政府签订了《爱丁堡协议》。虽然英国议会通过了《爱丁堡协议》，但是不能因此认为苏格兰分离公投的启动者是英国政府和苏格兰政府。

关于英国政府能否启动公投这个问题，我们不妨先通过分析一个相似的案例，了解英国最高法院对此的意见。2007 年，经英国议会批准并签订的《里斯本条约》（*Treaty of Lisbon Amending the Treaty of European Union and the Treaty Establishing the European Community*，2007）第 50 条规定，任何欧盟成员国都可以遵照该国的宪法决定退出欧盟。此外，该条还详细规定了脱欧程序。脱欧公投结束后，在同年保守党年会上，时任英国首相

---

① See Nicole Winchester, "Scottish Independence Referendum Procedure Section 30 Orders," *House of Lords Library in Focus*, Vol.36, No.3, 2017, p.4.

② See Nicole Winchester, "Scottish Independence Referendum Procedure Section 30 Orders," *House of Lords Library in Focus*, Vol.36, No.3, 2017, p.4.

③ 参见网页 https://edition.cnn.com/2014/09/18/world/europe/scotland-independence-vote/index.html，刊载日期：2014 年 9 月 19 日。

特蕾莎·梅在未经议会同意的情况下宣布政府将于 2007 年 3 月底之前启动《里斯本条约》第 50 条所规定的脱欧程序。此政令一出就遭到了一家英国投资基金的数名经理人起诉。该案的争议焦点是：谁有权启动《里斯本条约》第 50 条以及如何启动。原告认为，英国政府无权在未得到议会同意的情况下启动脱欧程序。被告英国政府认为，在特定情况下英国政府无须经英国议会授权、仅凭源自国王特权的权力即可决定何时以及如何启动脱欧程序，并且被告英国政府认为，这种权力已经得到了普通法认可。该案最后上诉到英国最高法院。2016 年 11 月 3 日，英国最高法院 11 名大法官做出裁决，一致反对英国政府的辩护理由。英国最高法院认为除非得到英国议会授权，否则英国政府无权启动《里斯本条约》第 50 条中规定的脱欧程序。英国最高法院还称只有英国议会能推翻英国法律，国王不能通过行使国王特权修改它们。

从这个案例我们可以看出，脱欧公投是整个脱欧公投程序中的一环，而英国最高法院不认为英国政府有权启动脱欧程序。这就是说，英国政府并没有启动脱欧公投程序的权力。

三、枢密院令不代表女王对苏格兰问题拥有实质决定权

什么是枢密院令（Order in Council）？《牛津法律大辞典》是这样解释的：

> 枢密院令是指女王根据或参照枢密院的建议发布的命令或法令。根据普通法，女王有权以枢密院令的形式制定法律。这是过去立法权属于皇家特权的时代的一种积习部分。在现代，这种形式的立法仅限于新让与的或新征服的领地。有时也被用于其他情况。例如，1870年维多利亚女王曾根据格拉斯顿的提议取消了军职购买制。而如果通过一般立法，此项改革就不可能实现。枢密院令也是委任立法的一种手段，从而使某些方面授权发布枢密院令的议会法案生效。这类枢密院令与其他委任立法一同在法律文献中加以公布。[1]

---

① 《牛津法律大辞典》，光明日报出版社 1989 年版，第 656 页。

实际上，除了 Order in Council 这种枢密院令，还存在一种叫 Order of Council 的枢密院令。Order of Council 是指由枢密院做出的无须女王同意的命令。[①]

根据《牛津法律大辞典》的解释，我们可以将 2014 年苏格兰分离公投中所使用的枢密院令（Order in Council）理解为，枢密院令有两种用途：第一，用于新让与或新征服的土地上的事务上的立法。这种立法权属于女王特权。第二，用于英国议会委任立法。那么，在 2014 年苏格兰分离公投的程序中所使用的这个枢密院令，到底属于哪一种用途呢？答案的关键在于如何理解君主特权与议会立法权的关系。

君主特权是君主依据其身份和地位而拥有的权力，不同于国民具有的权力，是无须议会法令授权的权力。它起源于英国普通法。在君王的所有权力中，君主特权是最显赫的。君主权力与君主特权的关系，仿佛是王冠和王冠上的明珠的关系。由于君主特权存在于普通法中，法院有权调查一切被指定的特权的存在和范围。如果这种特权存在，则必须有司法记录。换言之，如果没有司法纪录，这种特权就不会被法院认定为存在。历史上，君主特权包括以下三种：（1）凡是与显赫高贵地位有关的全属国王所有。如人身的不可侵犯性、民事和刑事诉讼的豁免权、免受制定法和习惯的拘束。（2）君权的权力和职权。是英国教会和武装力量的名义首脑、国家行政领袖、外交关系中的国家代表，有权决定和平与战争，是正义与仁慈、荣誉与尊贵的源泉及全体臣民的庇护人、所有司法权的来源，有赦免与宣布实行缓刑的权力。按照常规，这部分的特权只有在同英国议会意愿相一致时才有效。在一般情况下，条约的缔结可不受议会的制约，但是在重要情况下，缔结条约必须经议会同意。在战时，这部分特权往往比平时得到了更多运用。比如在战时国王可以动用权力征集船只，命令所有扛得动枪和其他物资的人服役。（3）财产权上的特权。在英国国内事务上，现存的君主特权是"国王不能为非"，除非议会法案有规定，国王不能被指控有违约、侵权行为，不能作为破产债务的债权人，国王有普通法上的优先权。除了制定法规定之外，诉讼时效也对国王无效，除文字表达和必要的牵连，国王不受法令约束。[②] 但是 1689 年光荣革命以后，英国君主

[①] 参见《牛津法律大辞典》，光明日报出版社 1989 年版，第 656 页。
[②] 参见《牛津法律大辞典》，光明日报出版社 1989 年版，第 712 页。

特权在许多方面被英国议会立法剥夺了，其他未被剥夺的方面也受宪法惯例的限制。君主特权的行使有多种方式，包括盖着国玺的声明、命令和特许状，枢密院令，以及附有国王亲笔签名的命令、委任状或授权书。

御准（Royal Assent）是君主对由议会两院最后通过的法案表示同意。在理论上，君主有批准或拒绝法案的自由处置权。伊丽莎白一世时期行使了很多次否决权，而且当议会与她发生矛盾时，她常常以其掌控的否决权来使议会不得不与她保持一致意见。否决权的最后一次使用是 1708 年安妮女王对《苏格兰民兵法案》（*Scottish Militia Bill*，1708）的否决。从那以后，君主再也没有行使过否决权。而且，不得行使否决权已经成为一项宪法惯例。英国议会出台的《御准法》（*An Act to Amend the Law Relating to the Signification of Her Majesty's Royal Assent*，1967）规定御准可以由上、下议院议长分别在上、下院宣布，现在这已经是正式做法，尽管君主亲自御准或由国玺专员代行御准也是可以的。[1]

国王特权的存在是否意味着英国还是君主制呢？布莱克斯通是这样说的：

> 接下来，我们讨论国王特权的部分。国王特权赋予国王陛下大量的职权和权力，使其具有完美的、不朽的政治身份；政府的行政部门依靠这类权力来行使职权。不列颠宪法很明智地将这种权力置于一人之手，以实现团结一致、坚强有力、迅速敏捷。倘若该权力由多人执掌，它就必须服从多种意志，一旦这些意志不能趋于一致或出现分离，就会造成政府的虚弱无力。而将它们统一起来并使其合二为一，又要大费功夫、拖延时日，在紧急状态下，是经不起这样的耽搁和拖延的。因此，英格兰国王不仅是国家的首席行政长官，严格来讲更是国家唯一的行政长官；所有其他官员都根据他的授权行事，并应当隶属于他。这和罗马大革命时期的情形相似，共和国古老的公职文官的所有权力都集中在新皇帝手中，正如格雷维纳（Gravina）所言：以前共和国的权力与威严都通过行政官员们权力的统一，被集中于一人

---

[1]　参见《牛津法律大辞典》，光明日报出版社 1989 年版，第 788 页。

之手。①

从布莱克斯通的这段话不难看出他试图通过君主特权的存在将英国的体制解释为君主制。戴雪对布莱克斯通的观点不以为然，他回应道："这不符合布莱克斯通时期的事实，更不符合后来的立宪君主的事实。"② 戴雪随即引用了佩利（Paley）于 1785 年出版的《道德哲学》（*Moral Philosophy*）中的观点：

> 在英国宪法中——或许还包括其他宪法，政府的实际状况和理论之间存在巨大反差。现实和理论互为因果，但它们仍然是不同的。当仔细考虑英国政府的理论时，我们发现，国王被赋予了下列权力：本人绝对免受法律惩罚，否决议会两院表决通过的法律，给他自己喜欢的一批人颁发特许状；还被赋予了这样的特权，即选派代表进入议会之一院，正如他可以直接任命他中意的人进入另一院。外国人可能会问：这算什么？不就是一种更间接的专制吗？然而，当从英国法律中的王权转向现实中的王权时，我们会发现，这些可怕的特权已经渐渐沦为仪式；取而代之的是一种源于特殊恩典的稳固支配力，这种恩典已经由领土扩大、财富丰富的帝国交由国内行政首长来处理，可宪法似乎完全无视之。③

戴雪认为，关于当时实行的宪法的真正性质，佩利比布莱克斯通看得清楚得多，英国的宪法性质就是议会主权。

《爱丁堡协议》的"备忘录"第 7 条明确规定，公投方面的立法由议会法案授权。这条规定也能证明在 2014 年苏格兰分离公投中，女王通过枢密院令的方式御准苏格兰议会就 2014 年苏格兰分离公投的举行立法，这本质上是一次议会委任立法，而不代表女王对苏格兰问题拥有实质权。

---

① 转引自 ［英］A. V. 戴雪《英国宪法研究导论》，何永红译，商务印书馆 2016 年版，第 94 页。

② 转引自 ［英］A. V. 戴雪《英国宪法研究导论》，何永红译，商务印书馆 2016 年版，第 94 页。

③ 转引自 ［英］A. V. 戴雪《英国宪法研究导论》，何永红译，商务印书馆 2016 年版，第 94 页。

四、2014年苏格兰分离公投的结果没有决断力

英国公投的议题可以总结为三类：第一类是国家纵向权力的分配问题，第二类是英国进出欧盟的问题，第三类是领土归属问题。英国的公投范围既有全国性的，也有地方性的。可以说公投已经成为英国宪制的重要部分了。以公投的结果对议会是否有拘束力为标准，可以将英国的公投分为决议性公投和建议性公投，前者对英国议会有拘束力，后者没有。英国议会主张自己是主权性立法机关，不受公投结果的约束。可是许多英国人不能接受这种观点。例如，1975年，时任英国下议院院长爱德华·肖特（Edward Short）在英国即将就"英国是否退出欧共体"举行公投前夕在下议院公开强调："此次公投与议会主权完全一致。政府要受公投结果的制约。虽然不希望阁下违反人民的意愿，但各位还是可以自由选择。"

在2016年英国政府和一家英国投资基金的数名经理人围绕"英国是否有权启动《里斯本条约》第50条的关于英国退出欧盟"的诉讼中，英国最高法院在判决中对英国议会、英国内阁和公投之间的关系做出了这样的判断：

> 英国政府没有将《2015年脱欧公投法》作为自己知会权的权源，这是很正确的。但是英国政府认为自己根据《里斯本条约》第50条对欧盟理事会进行知会是一项来自国王特权的政府权力，这一点是错误的。我们应该在英国的议会主权原则和代议民主下解释和理解《2015年脱欧公投法》。英国议会是立法者，不论公投的议题是什么，公投都只是建议性的，除非议会在相关的公投法中做了明确的相反规定。

接着，最高法院针对脱欧公投的法律属性做了专门论述：

> 《2015年脱欧公投法》并未明确做出相反规定，即《2015年脱欧公投法》并未规定公投不是建议性公投。而且，《2015年脱欧公投法》出台之前议会就已经有一份将脱欧公投解释成建议性公投的简报。我们强调公投的法律属性是建议性的，这并不是在质疑公投作为

政治事件的价值。公投的政治价值会在他处得到充分评估和考量。

根据英国最高法院的判决，脱欧公投在法律上仅具有建议性，它对议会和政府都不具有拘束力，它的结果不能作为英国与欧盟关系的终局性答案。从脱欧公投后议会和政府的行动来看，它对议会和政府都有较强的道德拘束力。

是不是英国所有的公投都只是法律性公投呢？未必。以1975年退欧公投为例。1975年退欧公投要解决的问题是"自1972年以来生效的议会法案《1972年欧共体法》是否应当废除"。在这一次公投中，不论其结果是什么，它对议会和政府都有法律拘束力——由公投确认或废除议会法案已经建立的制度。另一个著名的例子是议会通过的《1978年苏格兰法》和《1978年威尔士法》。这两部法案皆规定只有公投同意，已经通过的这两部法案才能生效。这是典型的附生效条件的法案，且所附的条件就是公投。这就是说，如果公投结果达到了法定多数，这两部法案则生效。如果公投结果没有达到法定多数，这两部法案则不生效。在这里，公投结果对议会之所以具有拘束力，并不是因为公投本身能拘束议会，而是因为议会事先规定了自己将受公投结果的拘束。所以公投对议会的拘束力还是来自议会本身。这是不是意味着议会必须受自己过去的意志的拘束呢？如果是，议会就不再是主权性的机关了。由于本书上一章已经论述了英国依然奉行议会主权，因此，我们可以大胆地假设：如果议会不愿意接受一项公投结果的拘束，即使在公投举行之前议会规定了公投结果能拘束议会，议会也可以不受公投结果的拘束。

苏格兰分离主义者认为，苏格兰分离公投的结果有决断力，其理由如下。"苏格兰王国和英格兰王国1707年通过的《联合法案》是两国间的宪法契约，它建立的联合王国是一个联邦。"[①] 在这个联邦下，苏格兰的主权、英格兰的主权以及联合王国的主权共存。联合王国虽然只有一个议会，但该议会是由英格兰议会和苏格兰议会合并而成。大不列颠议会的存

[①]　See Andrew Marr, *The Battle for Scotland*. Penguin Books. 这一观点也得到了英国内阁前首相赫伯特·阿斯奎斯（Herbet Asquith）的全面支持，阿斯奎斯说："联合王国的组成成员为了共同目标能走到一起，但是当并不需要所有成员的一致同意时，这些组成成员依旧不能自由处理内部的事务——这本身就蕴含着罪恶和不公。"参见网页 http://www.thetimes.co.uk/article/may-stands-firm-against-second-scottish-referendum-96bqx2khx，刊载日期：2017年4月25日。

在，并不意味着苏格兰王国议会的消失。恰恰相反，大不列颠议会存在一天，苏格兰议会就将存在一天。作为一份建国性法案，1707 年的《联合法案》具有根本性：它创立了大不列颠联合王国以及大不列颠议会。大不列颠议会无权更改 1707 年《联合法案》。"议会主权"并非苏格兰的宪法传统，它只是英格兰的宪法原则，而苏格兰的宪法原则是人民主权。①这一点在联合王国成立之后也成立。从 1707 年联合王国成立时起，大不列颠议会就开始修改乃至废除 1707 年《联合法案》中对苏格兰主权的保护条款。这些修改行为属于违宪行为。② 苏格兰人民针对大不列颠议会的违宪行为展开了持久的合法抗争。《1998 年苏格法》是苏格兰人民抗争的结果，是苏格兰宪法。它延续了 1707 年《联合法案》的联邦主义精神，将 1707 年联合时合并到大不列颠议会中的苏格兰议会予以恢复。苏格兰议会是苏格兰人民的代表，其一切权力都来自苏格兰人民。③ 苏格兰议会举行分离公投的权力也来自苏格兰人民。鉴于苏格兰和联合王国的关系只是成员邦与联邦的关系，苏格兰有权解除与英格兰王国 1707 年联合的宪法协议。④ 苏格兰人民是英格兰和苏格兰 1707 年的宪法协议的决断者。现代全民公投是在承认代表制的前提下人民行使主权的方式，苏格兰人民通过苏格兰全民公投表达自己的意志。全民公投的结果只要达到了法定多数的标准，就应被视为苏格兰人民的意志。正因为如此，苏格兰独立公投是苏格兰独立的决断性环节。

英国联合主义者认为苏格兰分离公投没有任何决断力，其理由如下：1707 年的《联合法案》的确是联合王国的建国法，但是，这部建国法建

---

① See Elizabeth Wicks, *The Evolution of a Constitution* (Oxford：Hart Publishing，2006)，p. 133.

② See Anthony Cooke, Ian Donnachie, Ann Macsween, Christropher a Whatley, *Modern Scottish History 1707 – 1850* (East Linton：Tuckwell Press，1998)，p. 43.

③ 1988 年，跨党派的苏格兰宪政会议（constitutional convention）发表了《苏格兰权利宣言》（*A Claim of Right for Scotland*），宣言重申了自苏格兰王国建立以来就有的苏格兰人民主权，并指出苏格兰人民拥有绝对权力去决定政府的形式。See James Kellas, *The Scottish Constitutional Convention* (Unit for the Study of Government in Scotland, University of Edinburgh，1921)；Lindsay Paterson, *A Diverse Assembly：The Debate on a Scottish Parliament* (Edinburgh University Press，1998)，p. 216.

④ Christopher Harvie, *Scotland & Nationalism：Scottish Society and Polities 1707 to the Present* (*3rd Edition*) (London：Routledge，1998)，p. 39.

立的是一个单一制国家，英格兰王国和苏格兰王国自联合王国成立的那一刻就不复存在，同样不复存在的，还有英格兰王国的议会和苏格兰王国的议会，取而代之的是联合王国以及大不列颠议会。英国只有一个主权，不存在苏格兰的主权。1707 年《联合法案》并非简单的条文堆积，而是一个等级清晰的规范秩序。并非所有 1707 年《联合法案》的条文都是宪法性法律，只有涉及联合性质、王位、议会、国旗、国印的条款才属于宪法性法律。1707 年建立的大不列颠议会沿袭了英格兰议会的所有特质，包括英格兰的"议会主权"原则。一旦联合王国成立，"议会主权"就成为联合王国境内的宪法原则——这当然包括苏格兰地区。1707 年《联合法案》中涉及苏格兰教会、法律、司法、学校的条款以及经贸条款是一般性法律条款，大不列颠议会可以任意修改乃至废除这些一般性法律条款。联合王国成立后，大不列颠议会也对苏格兰行使了大量的立法主权。《1998 年苏格兰法》以及苏格兰议会的设立，是英国议会下放立法权的结果。这种权力下放不仅不意味着"议会主权"被打破，反而意味着英国议会主权在新时期有新的表现。对已经下放了的立法权，英国议会可以随时收回。全民公投在英国只是议会的有益补充。在国家重大事务上，英国议会才是决断机关。

苏格兰分离主义者的基本逻辑是：英国是一个联邦，苏格兰是英国的成员邦；苏格兰一直奉行人民主权的宪法传统；苏格兰分离公投是人民行使主权的方式，它当然是决断性公投，能成为苏格兰独立的决断性程序。英国联合主义者并不同意苏格兰分离主义者的观点。苏格兰分离主义者的逻辑中包含了如下基本前提：联邦国家的成员邦有主权；只要成员邦的主权者同意，该成员邦就能从联邦中分离；全民公投是代表制时代人民行使主权的方式，只要成员邦地区举行的分离公投达到了事先定好的标准，分离公投的结果就有决断力，该成员邦就能够据此从联邦中分离出去。英国联合主义者并未回答"联邦的邦成员是否有单方面分离权"这个问题，而是直接否认英国是一个联邦这种说法，坚称英国是议会主权的单一制国家。

苏格兰分离主义者和英国联合主义者的回答，到底哪一个更合理？

分离和权力下放或者从欧盟脱离还是有所不同的。分离意味着政治体的解体、死亡。就像政治体的形成是政治性事务一样，分离也是政治性事务。它在法律之外，法律在分离问题上应该完全中立（perfect legal neutrality)①，不可能在宪制框架内去定义且有序、合理、高效地处理地区分离争议②。政治体是自然状态下的个体因公共生活聚集到一起而形成的；宪法和代表制政府是人民作为主权者时行使制宪权的结果，它们是为了维护政治体的良好运行而存在的。当政治体本身不再围绕最初目的运行时，政治体可以解散。政治体是否不再围绕最初目的运行，其判断者是人民。但是苏格兰分离公投中是不是英国人民在决断？答案是否定的。其原因在于，公民是主权者人民在政治体的宪制框架内的存在方式，有资格对政治体的存在方式进行投票的也应该是公民，而不应该是非公民。2014 年苏格兰公投的投票权人并不全是英国公民，而是年满 16 岁及以上的苏格兰居民。而苏格兰居民有的是英国公民，有的不是。这显然与决断性公投的原理不相符。实践中有一些名为"全民公投"实为民调的投票活动。例如，1991 年 2 月，立陶宛的议会举行了一次"全民公投"，向民众询问："您是否主张立陶宛共和国成为独立的民族国家？"结果是这一"全民公投"不具有法律效力，但它坚定了议会宣布独立的决心。再比如，1998年，以色列总理内塔尼亚胡向内阁提出就西岸撤军实行非强制性全民公投的建议，并宣布全民公投结果只是供议会决策时做参考。这样的"全民公投"没有任何公法意义，不是国家权力的监督者，而是当权者以全民公投之名行民意调查之实。为寻求民意支持而将有争议的棘手问题交付选民们投票从而免受政敌攻击，这类名为"全民公投"的活动不是真正的公投。2014 年苏格兰分离公投虽然是经过了英国议会批准的公投，但是实际上它并不是具有决断力的公投，而只是一次建议性公投，即使它的赞成票达到了法定多数的标准，对英国议会和英国政府也没有任何法律约束力。

---

① See Elizabeth Wicks, "Constitution-making: The Pre-eminently Political Act," in Keith Banting, Richard Simeon, et al., *Redesigning the State: The Politics of Constitutional Change* (Toronto and Buffola: University of Toronto Press, 1985), pp. 232 – 233.

② See Elizabeth Wicks, "Constitution-making: The Pre-eminently Political Act," in Keith Banting, Richard Simeon, et al., *Redesigning the State: The Politics of Constitutional Change* (Toronto and Buffola: University of Toronto Press, 1985), pp. 232 – 233.

五、未来的苏格兰分离公投

自设立以来，苏格兰议会的宪法地位就备受争议。而苏格兰议会的地位又决定了苏格兰议会法案的地位。苏格兰民族主义者认为，苏格兰议会与英国议会是平等的。他们给出如下理由：首先，苏格兰议会的正当性来源于苏格兰人民。虽然苏格兰议会是《1998年苏格兰法》所创立的，而《1998年苏格兰法》是英国议会制定的法律，但是在根本上苏格兰议会是苏格兰人民长期自治运动的结果。《1998年苏格兰法》和苏格兰制宪大会倡导的版本相差无几，而苏格兰制宪大会自成立后就获得了苏格兰民众较多的支持，1997年苏格兰全民公投更是《1998年苏格兰法》和苏格兰议会的合宪性基础。"苏格兰议会制定的法律和英国议会制定的法律有太多相似之处——它们都涉及公共利益，而且苏格兰议会是经苏格兰选民民主选举产生，也具有民主正当性，苏格兰议会制定的法律也要得到女王御准。苏格兰议会法律和一般的次级立法差别太大。"[1]　其次，苏格兰议会法案与英国的一级立法并无根本区别。例如，在 Sinclair Collis v. The Lord Advocate 案[2]中，Ordinary 法官说："苏格兰议会在立法时和国家议会非常相似，在我看来，苏格兰议会应该在立法上拥有一系列自由裁量权。这些立法上的自由裁量权的尺度本来可以通过英国议会的立法得到规定。"[3]

在 Holyrood 案中，主审法官认为，苏格兰议会在整个英国的宪法秩序里已经占有非常独特的地位。在 Axa 和 Imperial Tobacco 两案的判决中，主审法官认为，苏格兰议会已经从一个不具有自己立法特色的地方权力机关变成了类似于英国议会这样的主权机关了。2012年，英国最高法院的 Hope 大法官表示："《1998年苏格兰法》具有宪法意义，它并非一部标准

① 参见网页 https://publications. parliament/pa/ld200708/ldjudgmt/jd071128/countr－4. htm，刊载日期：2007年7月8日。

② 参见网页 http://www. scotcourts. gov. uk/search－judgments/judgment?id＝7d9386a6－8980－69d2－b500－ff0000d74aa7，刊载日期：2012年10月10日。

③ See Elizabeth Wicks, "Constitution-making: The Pre-eminently Political Act," in Keith Banting, Richard Simeon, et al., *Redesigning the State: The Politics of Constitutional Change* (Toronto and Buffola: University of Toronto Press, 1985), pp. 232－233.

的议会法。"① "苏格兰议会作为一个民主选举出来的立法机关，根据我们的宪法制度获得宪法位置，它按照民族规则为苏格兰人民制定法律，它在自己的权限范围内所制定的法律有最高法律权威。"② 再次，《1998 年苏格兰法》第 28 条第 7 款虽然规定权力下放不影响英国议会为苏格兰一切事务制定法律的权力，但是这是一个非同一般的条款。因为按照英国的立法惯例，英国议会在法律中不需要重申自己的主权，例如《1998 年威尔士法》就没有英国议会重申自己的主权的条款，而在《1998 年苏格兰法》中英国议会却重申自己的主权，这显然表明在很多方面英国议会对苏格兰的主权处于弱势地位。③ 最后，1999 年以来"塞维尔惯例"的存在及其持续运行，英国议会已经不可能对苏格兰地区重申绝对主权了，因为英国议会下放给苏格兰议会的权力事实上已经不能再收回来了。如果英国议会想就下放事务立法，则必须获得苏格兰议会的同意。《1998 年苏格兰法》的存在是对苏格兰社会独特性和苏格兰人民主权的宪制性认可。④ 事实上它把英国变成了一个联邦国家，苏格兰议会和英国议会成了平等主体关系，只不过与此同时苏格兰议会又要受英国宪法的制约。⑤

　　另一派人则采取传统的保守的议会主权原理解释苏格兰议会的宪法地位。他们的理由是，"苏格兰议会的民主正当性仅限于苏格兰地区，苏格兰议会只是英国的一个得到了下放权力的机关，法院不需要额外尊重苏格兰议会的立法，苏格兰议会和英国的其他地方议会相比并不特别。不论苏

---

① See Elizabeth Wicks, "Constitution-making: The Pre-eminently Political Act," in Keith Banting, Richard Simeon, et al., *Redesigning the State: The Politics of Constitutional Change* (Toronto and Buffola: University of Toronto Press, 1985), pp. 232–233.

② See Elizabeth Wicks, "Constitution-making: The Pre-eminently Political Act," in Keith Banting, Richard Simeon, et al., *Redesigning the State: The Politics of Constitutional Change* (Toronto and Buffola: University of Toronto Press, 1985), pp. 232–233.

③ Section 18 of the *European Union Act 2011* states that: "Directly applicable or directly effective EU law (that is, the rights, powers, liabilities, obligations, restrictions, remedies and procedures referred to) in section 2 (1) of the *European Communities Act 1972*, falls to be recognized and available in law in the United Kingdom only by virtue of that Act or where it is required to be recognized and available in law by virtue of any other Act."

④ Hector Macqueen, *Invincible or Just a Flesh Wound? The Holy Grail of Scots Law* (Cambridge: Cambridge University Press 2014), p. 14.

⑤ See Legal issues on *Scotland Independence Referendum* (Edinburgh: Edinburgh University, 2012).

格兰议会有多重要，它在根本上是被《1998 年苏格兰法》创制的，它的权力也是来自英国议会制定的《1998 年苏格兰法》，苏格兰议会受制于创制法、受制于维护《1998 年苏格兰法》的法院。不仅仅是苏格兰议会，威尔士议会和北爱尔兰议会都须受制于创立它们的英国议会法案，这些地方议会无权做一级立法（primary legislation）"①。2021 年的 Welsh Asbestos 案中，英国最高法院大多数法官表示："根据 1689 年《权利法案》第 9 条，英国议会制定的一级法律和威尔士议会、苏格兰议会、北爱尔兰议会制定的二级法律之间存在实质区别，一级立法和行政决定也存在实质区别。"②

　　从民间观点和法院的判例可见，人们关于苏格兰议会的宪法地位的看法存在分歧。而在苏格兰议会的宪法地位这个问题上，英国法院缺乏足够量的判决，也没有形成定见。法官们的判决和评论只能是他们自己对政治现实的理解，并不代表人民的意志。判断苏格兰议会是不是和英国议会处于平等地位，取决于苏格兰议会这一权力机关的权力来源到底是苏格兰人民还是英国议会。《1998 年苏格兰法》所下放的权力与苏格兰制宪大会所提倡的相差不远，但是《1998 年苏格兰法》和苏格兰制宪大会倡导的内容存在主要区别——《1998 年苏格兰法》并没有如苏格兰制宪大会倡导的那样为苏格兰议会设置保障防御措施。这意味着《1998 年苏格兰法》并没有改变英国宪法，如果苏格兰自治运动到《1998 年苏格兰法》之时构成宪法决断，那么决断的内容一定会进入《1998 年苏格兰法》中。从《1998 年苏格兰法》中关于英国议会和苏格兰议会关系的表述来看，《1998 年苏格兰法》绝不是英国和苏格兰宪法关系史上的一次宪法决断。苏格兰议会的权力来源是英国议会，英国议会为了更便利地管理整个英国、管理苏格兰，将自己的部分立法权自上而下地授予出去，成立了苏格兰议会。同时，英国议会依然可以随时撤销苏格兰议会。《1998 年苏格兰法》在英国议会通过之时，苏格兰政治家唐纳德·迪沃（Donald Dewar）就说："即使权力下放到苏格兰议会，我们依然认为英国议会对苏格兰的

---

　　①　参见网页 https：//law. gov. wales/. constitution – and – government/law – making – wales/case – law – legislative – competence，刊载日期：2021 年 3 月 15 日。

　　②　参见网页 https：//law. gov. wales/. constitution – and – government/law – making – wales/case – law – legislative – competence，刊载日期：2021 年 3 月 15 日。

一切事务拥有主权。"①

另外，从《1998 年苏格兰法》对苏格兰议会立法权的安排也可以反向推断苏格兰议会不是一个主权性的立法机关。根据《1998 年苏格兰法》的条文，英国议会不仅保留了对苏格兰一切事务的立法权，而且苏格兰议会的所有立法都受法院的司法审查。只在一种情况下苏格兰议会才可能属于独立于英国议会的平等立法机关，即英国已经从单一制国家变成了联邦。如果英国成了联邦，苏格兰就是英国这个联邦中的成员邦，苏格兰就具有了自己的政治独立性和主权，苏格兰议会也就是苏格兰的主权性立法机关。根据立宪民主的原理，主权性的立法机关的立法是不受司法机关审查的。那么，如果苏格兰议会是苏格兰的主权性立法机关，它的立法就不可能再受苏格兰高等民事法院的司法审查，而有权审查苏格兰议会立法的只能是苏格兰人民。然而从《1998 年苏格兰法》的条文和苏格兰议会成立后所受到的司法审查来看，苏格兰议会并非苏格兰的主权性立法机关。

依据议会主权理论，英国人民并未就中央和苏格兰的关系做新的政治决断，英国议会也依旧是英国唯一的主权机关，英国议会对苏格兰的所有事务都有最高立法权。但是事实上，英国正在日益联邦化，英国议会已经很难再行使已经下放给苏格兰议会的立法权了。《1998 年苏格兰法》第 28 条第 7 款明文规定，权力下放到苏格兰议会并不会影响英国议会对苏格兰内部事务所拥有的立法权。但是，在《1998 年苏格兰法》通过的过程中，上议院的塞维尔大法官提出了一项建议："实际上，正如白皮书的第 4 段所解释的，我们看到有些时候英国议会就下放的事务进行立法的确比让苏格兰议会立法更为方便。然而，我们期待形成一种新的惯例——英国议会在正常情况下如果没有苏格兰议会的同意，不能就已经下放给苏格兰议会的事务立法。"②

塞维尔大法官是工党的终身贵族，他于 1994 年和 1995 年在苏格兰宪法委员会任职，全程参与了《1998 年苏格兰法》的制定和通过过程。塞维尔大法官的这项建议在 1998 年 7 月被英国政府采纳并命名为"塞维尔

---

① Trevor Salmon, Michael Keating, et al., *The Dynamics of Decentralization: Canadian Federalism and British Devolution* (Queen's University Press, 2001), p.89.

② 参见网页 https://api. parliament. uk/historic – hansard/lords/1998/jul/21/scotland – bill，刊载日期：1998 年 7 月 21 日。

惯例"（*The Sewel Convention*）。英国政府和当时的苏格兰政府签订了一份《英国政府和苏格兰政府的谅解备忘录》（*Memorandum of Understanding between the UK Government and the Scottish Executive*），把"塞维尔惯例"写进了《英国政府和苏格兰政府的谅解备忘录》的《权力下放指导意见 10》（*Devolution Guidlines Note 10*）中：

> 英国政府同意，英国议会除非得到了苏格兰议会的同意，否则对以下三种情形的任何一种不做一级立法（primary legislation）：（1）属于苏格兰议会立法权内的事务。例如《1998 年苏格兰法》中规定的下放事务（devolved matters）。（2）属于能改变苏格兰议会立法权的事务。例如，《1998 年苏格兰法》的附件 4 和附件 5 中列举了保留事务，这些保留事务本属于英国议会的立法范围，但是依据《1998 年苏格兰法》第 30 条第 2 款的规定，女王如果认为对附件 4 和附件 5 进行修改是有必要的，也是有利的，那么女王可以通过枢密院令（Order in Council）进行修改。这些修改必定会改变苏格兰议会原有的立法权。（3）属于能扩大苏格兰政府各部长权力的情形的。[①]

如果上述三种情况中的任何一种或多种的议案被提交到英国议会，英国议会应该在议决该议案之前提请苏格兰议会注意，请求苏格兰议会给出同意与否的决定。简言之，在正常情况下，英国议会在没有征得苏格兰议会同意的情况下，不得就已经下放了立法权的事务进行立法，也不得随意增加或改变苏格兰议会以及苏格兰政府的权力。如果英国议会想就下放了的事务立法，或者想改变苏格兰议会或苏格兰政府的权力，需先征得苏格兰议会的同意。这一动议过程又叫"塞维尔动议"（*Sewel Motion*）。"塞维尔动议"后来又得到了进一步发展，即当苏格兰议会遇到以下五种情形中的任何一种或多种时，可以发起"塞维尔动议"，主动请求英国议会做出一级立法：（1）如果需要立法的事务既是下放了的事务，又会波及整个英国；（2）如果英国议会为这些事务立法会比苏格兰议会立法更节省时间；（3）如果需要立法的事务既属于下放了的事务，又属于保留事

---

① 参见网页 https://www. webarchive. org. uk/wayback/archive/20170701074145/，http://www. gov. scot/About/Government/Sewel/Background，刊载日期：2017 年 7 月 1 日。

务，而苏格兰议会拿捏不准的时候，英国议会又恰好是合适的立法机关时；（4）为了使没有下放立法权的领域能够更有效地运转，对权力下放了的领域进行细微且技术性的改革将有好处时；（5）有人提议让苏格兰部长们实操英国议会的保留事务。①

从 1999 年 7 月 1 日拥有《1998 年苏格兰法》授予的全部权力起到 2016 年 10 月 7 日，苏格兰议会一共发起了 159 次"塞维尔动议"，所涉及的事务包括烟草广告、收养和儿童、海上捕鱼授权令、私人驾驶工具上能否携带导盲犬等。② 2010 年，英国政府将"塞维尔惯例"的适用领域扩展到威尔士和北爱尔兰，形成《2010 年英国政府和苏格兰政府、威尔士政府、北爱尔兰政府的权力下放备忘录及补充协议》（*Devolution Memorandum of Understanding and Supplementary Agreements Between the United Kindom Government, the Scottish Ministers, the Welsh Ministers, and the Northern Ireland Executive Committee 2010*）。③

为了限制苏格兰的分离主义，英国议会通过《1998 年苏格兰法》并设立苏格兰议会将权力从英国议会和英国内阁转移到苏格兰议会和苏格兰政府。但是随着权力下放制度、"塞维尔惯例"、政党政治和经济的发展，权力下放本身已经不只是制度开创初期的组织内部的变革，而是正悄然演变成了宪政变革。实践中，英国议会对权力的下放严格限制了英国议会主权。

首先，英国议会通常不再干预权力下放事务。④ 虽然"塞维尔动议"的内容并没有成为英国议会的法案，但是《2013 年下议院议事规则》（*Traditions and Customs of the House: House of Commons 2013*）显示，从 1999 年起英国议会立法授权给了苏格兰议会和威尔士大会负责的问题一般情况下不再在下议院讨论。也是从 1999 年开始，在苏格兰、威尔士和北爱尔兰内部的问题上，英国议会就再没发挥任何作用，只由苏格兰议

---

① Jean McFadden, Mark Lazarowicz, *The Scottish Parliament: An Introduction* (Tottel, 2003), pp. 5 – 7.

② 参见网页 https://www. webarchive. org. uk/wayback/archive/20170609001806/，刊载日期：2017 年 6 月 9 日。

③ 参见网页 https://www. webarchive. org. uk/wayback/archive/20170701045316；http://www. gov. scot/About/Government/Sewel/KeyFacts，刊载日期：2017 年 7 月 1 日。

④ 参见 ［英］韦农·波格丹诺《新英国宪法》，李松锋译，法律出版社 2014 年版，第 133 页。

会、威尔士国民大会和北爱尔兰国民议会次级立法，英国议会只模糊地监督着苏格兰议会。英国议会的苏格兰内阁大臣们——事务大臣及其同僚们——不再就苏格兰内部事务接受质询，他们也不再就这些事务向英国议会负责。

其次，英国议会难以单方面废除苏格兰议会。英国议会单方面改变《1998年苏格兰法》的难度极大。仅以《1998年苏格兰法》中的税收条款为例，在人均公共开支方面，苏格兰要比英格兰多20%，关于修订这一条款的讨论非常多，但是实质上的修改须与苏格兰议会进行充分协商。这相当于允许苏格兰议会否决英国议会对法案的修改意图。由于英格兰和苏格兰的特殊历史原因，议会主权在英格兰和在苏格兰的强弱程度是很不一样的。在英格兰，1985年英国议会可以在完全不征求英格兰人的意见下直接废除大伦敦郡议会和都市郡议会。即使到今天，英国议会对英格兰的所有人、事、物依然享有至高无上的立法权，只要议会愿意，它就可以在不违反《1972年欧共体法》和《1998年人权法》的前提下对英格兰的所有事务立法。但是英国议会在苏格兰行使主权则不得不征求苏格兰选民的同意，英国议会未经全民公投、没有获得苏格兰选民的同意之前要废除苏格兰议会是极难的。在苏格兰议会成立之前，英国议会举行了苏格兰全民公投，苏格兰议会成立后的每一届议会都是经苏格兰选民选举产生的。如果英国议会违背苏格兰的民意单方面废除苏格兰议会，将存在苏格兰从英国独立的真正危险。

当英国被认为是单一制时，威尔士、北爱尔兰、苏格兰这些非英格兰地区只是英国的一部分，它们并没有政治独立性，其居民不是拥有政治行动能力的统一体，也没有政治意识和政治意志，只有英国是一个政治统一体，每一个公民只有一个政治身份——"英国人"。这也是传统上人们对英国—苏格兰宪法关系的界定。但是随着英国议会对权力的下放，有人说英国已经不是一个单一制国家。在英国的权力下放中，和北爱尔兰、威尔士相比，苏格兰获得的自治权无疑是最大的，在制度上英国—苏格兰成了联邦—邦成员关系，更根本的是苏格兰和英格兰的特殊历史决定了苏格兰人对英国已经没有了高度的国家认同感。这一派人认为，政治共同体并不是想象的虚拟的共同体，不是虚拟的创造，而是实然存在，从人类学意义上说，民族要成为一个政治共同体，要靠有粘合力的要素才能建成并且保存。从英格兰和苏格兰的联合历史以及苏格兰自治运动的过程可以得知，历史上凝聚英格兰人和苏格兰人的要素是宗教和经济。当宗教在英国公共生活中的作用微乎其微、巨大的帝国经济利益也不再有时，苏格兰人和英格兰人的凝聚力变得越来越弱，苏格兰人对英国的认同和感情也不断降低。虽说只要愿意被英国议会代表并为支持这种代表的政党投票就算是对英国的认同，但是自1707年联合以来，苏格兰民族主义者认为，议会主权原则只是一项英格兰的宪法原则，而不是苏格兰的宪法原则。如果仅将愿意继续被英国议会代表作为英国的民族象征，那么今天英国民族的人口恐怕比40年前还要多——而这显然是荒谬的，因为它与政治现实完全不吻合。

有人认为，首先，从民族情感和心理角度看，不论是从1997年苏格兰全民公投还是从2014年苏格兰分离全民公投前夕的民意调查都可以看出，苏格兰人支持权力下放的主要原因是，他们认为苏格兰议会将提高苏格兰人的公共福利质量，特别是医疗和教育。与1886年之后爱尔兰的要求相反，苏格兰人认为，借助"闹独立"能通往更好的生活，但独立本身不是大多数苏格兰人的目的，权力下放或分离的诉求都不像苏格兰民族主义者所渲染的那样。对大多数苏格兰人而言，权力下放或支持分离，并非为了支持苏格兰的民族主义，而只是迫使政府改善公共服务的手段。其次，从制度角度看，虽然权力下放导致英格兰、苏格兰、威尔士和北爱尔兰各个地区治理机关的权力不均衡、不对等，但是自1707年联合以来，英国政府一直存在不对等因素，即使在权力下放之前，英国也存在三种不同的法律制度。但是这些法律制度都是在法治国层面的事物，法治国层面的多样性并不和政治层面的统一性有必然冲突，有时候反而能加强政治层面的统一性。但是本书认为，联邦制要素在英国宪法中生长，体现在以下三个方面。

第一，"塞维尔惯例"的持续运行将强化英国议会和苏格兰议会之间已经形成的互动模式，而"塞维尔惯例"含有明显的联邦制要素。

第二，《1998年人权法》一定程度上改变了英国议会和司法之间的关系。在《1998年人权法》之前，公民的基本权利和自由是从法院的判决归纳总结出来的，但是在《1998年人权法》将公民的基本权利和自由写入成文法律后，英国议会的立法也不得侵犯公民的基本权利和自由。这使《1998年人权法》变得类似于联邦制国家的宪法。而法院在审查苏格兰议会的立法时依据的标准之一正是《1998年人权法》。既然英国议会不得违反《1998 年人权法》，法院依据《1998 年人权法》对苏格兰议会做出司法审查，也应当获得英国议会的尊重。法院对苏格兰议会立法的司法审查构成了对苏格兰议会的事实约束。实践中，如果英国最高法院在某个特定案件中判决苏格兰议会的立法有效或者无效，英国议会不论是行使针对苏格兰内部事务的立法权还是改变苏格兰议会的立法权，都不得藐视或推翻英国最高法院的判决。

第三，权力下放后，苏格兰的自治意志开始得到尊重。《1998 年苏格兰法》并没有规定苏格兰有分离权，也没有规定苏格兰退出英国的法律程序，但是《1998 年北爱尔兰法》对北爱尔兰启动退出英国的法律程序做出了规定。英国议会在这一问题上对苏格兰和北爱尔兰的不同处理，极可能刺激苏格兰人也提出要在《1998 年苏格兰法》中规定苏格兰退出英国的法律程序。1949 年，爱尔兰从英国分离。《1949 年爱尔兰法》(Ireland Act 1949) 规定，未经北爱尔兰议会同意，北爱尔兰将永远是联合王国的一部分。尽管《1949 年爱尔兰法》并未明确北爱尔兰有分离权，但是这一规定的言下之意是北爱尔兰议会如果同意从英国分离，英国议会不得阻止之。1972 年，英国议会废除了北爱尔兰议会，但是《1973 年北爱尔兰宪法》规定，未经北爱尔兰人民同意，北爱尔兰将永远是英国的一部分。虽然这一规定没有直白地说北爱尔兰人民有分离权，但是它至少等同于说没有北爱尔兰人民的同意，英国议会不得改变北爱尔兰的宪法地位。1998 年，英国政府、北爱尔兰政府和爱尔兰政府三方签订《贝尔法斯特协议》，约定如果多数北爱尔兰人愿意从英国分离、加入爱尔兰共和国，英国政府将会承认这种意愿。1998 年英国议会通过《1998 年北爱尔兰法》，该法详细规定了北爱尔兰表达是否从英国分离的意愿的程序是"没有多数北爱尔兰人投票同意，北爱尔兰不得从英国分离。北爱尔兰的秘书长 (secretary of state) 如果认为大多数北爱尔兰人希望从英国分离，他即有权举行北爱尔兰地区的全民公投。如果在全民公投中，大多数人表达了独立意愿，北爱尔兰就不再是英国的一部分，而是爱尔兰合众国的一部分。此外，英国政府应与爱尔兰政府达成共识，并将所达成的共识提交英国议会批准"。当然，北爱尔兰的情况与苏格兰的不太一样，北爱尔兰涉及的不只是和英国的关系，还涉及和爱尔兰的关系。英国政府之所以尊重北爱尔兰人民的自决意志，主要还是因为在英国和爱尔兰之间的《贝尔法斯特协议》中英国中央政府做出的承诺。苏格兰的情况和北爱尔兰的不太一样，但是《1998年苏格兰法》的内容和出台过程，的确包含了大量苏格兰人民主权的意志。《1998年苏格兰法》基本上是以苏格兰制宪大会这一民间组织草拟的蓝本为准制定的。当然，前文也已经提到《1998年苏格兰法》和苏格兰制宪大会草拟的版本的根本区别在于《1998年苏格兰法》中英国议会宣称权力下放并不影响英国议会对苏格兰一切事务的立法权，除此以外的条文基本上植根于苏格兰本土。有人质疑苏格兰制宪大会对苏格兰民众的代表性："只有17%的苏格兰民众意识到苏格兰制宪大会的政治意图。"① 撒切尔夫人干脆将其定性为一个压力集团、一个不具有支配力的民间组织。但是1989年英国议会的72名来自苏格兰的议员中，有58名签名支持苏格兰制宪大会制定的《权利宣言》，苏格兰制宪大会举办了大量以权力下放为核心话题的活动，大量议员、技术专家、社会工作者参与了会议并签名支持苏格兰制宪大会的主张，加入苏格兰制宪大会的大多数议员在后续的大选中再次当选，这些因素都使苏格兰制宪大会具有一定程度的民主正当性。

经历了2014年苏格兰分离公投后，英国议会于2016年通过《2016年苏格兰法》，并将之作为对《1998年苏格兰法》的修正和补充。就英国和苏格兰的宪法关系而言，《2016年苏格兰法》的最主要规定是将1998年以来英国和苏格兰事实上的联邦因素，以法律的形式确定下来，其内容有以下三方面。

第一，苏格兰议会和苏格兰政府是英国宪制中永久的一部分——这是英国议会和英国政府给苏格兰议会和苏格兰政府的承诺。

第二，除非苏格兰人民通过公投决定废除苏格兰议会和苏格兰政府，否则苏格兰议会和苏格兰政府不得被英国议会废除。

第三，英国议会正常情况下没有得到苏格兰议会的同意，就不得对下放事务行使立法权。

《2016年苏格兰法》是一部宪法性法律，也是苏格兰和英国宪法关系的里程碑。它明确规定，英国议会不得单方面废除苏格兰议会，苏格兰议会和苏格兰政府是苏格兰的永久性代议机关。没有苏格兰议会的同意，英国议会不得对下放事务立法。这虽然没说英国已经不再是议会主权国家，

---

① See Robert Houston, William Knox, et al., *The New Penguin History of Scotland: From the Earliest Times to the Present Day* (London: Penguin Books, 2002), p.518.

也没有说英国和苏格兰的关系已经变成"联邦—邦成员"关系，但是事实上它使苏格兰的离心力越来越大。不过，由于英国议会的主权依然受到法院拥护，苏格兰未来若再举行地区性分离公投，届时必须再次根据《1998 年苏格兰法》第 30 条的规定获得英国议会的枢密院令。

参 考 文 献

白桂梅. 国际法上的自决 [M]. 北京：中国华侨出版社，1999.

白芝浩. 英国宪法 [M]. 夏彦才，译. 北京：商务印书馆，2005.

波格丹诺. 新英国宪法 [M]. 李松锋，译. 北京：法律出版社，2014.

陈端洪. 宪治与主权 [M]. 北京：法律出版社，2007.

陈端洪. 制宪权与根本法 [M]. 北京：中国法制出版社，2010.

戴雪. 英宪精义 [M]. 雷宾南，译. 北京：中国法制出版社，2001.

惠尔. 现代宪法 [M]. 翟小波，译. 北京：法律出版社，2006.

刘军宁，等. 直接民主与间接民主 [M]. 北京：生活·读书·新知三联书店，1998.

麦基文. 美国革命的宪法观 [M]. 田飞龙，译. 北京：北京大学出版社，2014.

梅特兰. 英格兰宪政史 [M]. 李红海，译. 北京：中国政法大学出版社，2010.

施米特. 宪法学说 [M]. 刘锋，译. 上海：上海人民出版社，2001.

托克维尔. 论美国的民主 [M]. 董果良，译. 北京：商务印书馆，1988.

王世杰，钱端升. 比较宪法 [M]. 北京：商务印书馆，1999.

魏贻恒. 全民公决的理论与实践 [M]. 北京：中国人民大学出版社，2007.

HALJAN D. Constitutionalising Secession [M]. Oxford and Portland, Oregon：Hart Publishing，2014.

QVORTRUP M. A Comparative Study of Referendum [M]. Manchester：Manchester University Press，2012.

ROSENFELD M，SAJO A. The Oxford Hand Book of Comparative Constitutional Law [M]. Oxford：Oxford University Press，2012.